Ludwig Burgdörfer

Ist da jemand?

Meinem ziemlich besten katholischen Freund
Klaus Armbrust
dankbar gewidmet.

Gesamtherstellung: Verlagshaus Speyer GmbH
www.verlagshaus-speyer.de
Druck: Stolzenberger Druck und Werbung GmbH & Co. KG, Leimen

ISBN 978-3-947534-24-1

Vom lebenslangen Suchen nach Gott

Ist da jemand?

von Ludwig Burgdörfer

Gedanken zur Gebetsbiografie

Verlagshaus Speyer GmbH

Inhaltsverzeichnis

Vorwort

Miteinander in Kontakt zu treten, das macht uns zum Gegenüber füreinander. Kaum sind wir auf der Welt, versuchen wir die Verbindung zu unserer Umgebung aufzunehmen. Auch wenn uns am Anfang noch die Worte fehlen, sprechen wir ungehemmt mit Händen und Füßen und setzen natürlich unsere Stimme gewaltig ein. Ob es uns gut geht oder schlecht, ob wir Hunger haben oder Bauchweh, wir teilen das schon jederzeit mit. Und wir leben davon, dass da jemand ist, eine Mutter, ein Vater, ein Gegenüber jedenfalls, das reagiert und antwortet. Nur im Echo der Zuwendung und Nähe fangen wir an, uns vertrauensvoll zu verlassen und uns einzulassen auf das Abenteuer des Lebens. Und je nachdem, in welchem Ton, mit welcher Wärme und Zuverlässigkeit unsere Umgebung reagiert, werden wir heimisch und fühlen uns gut aufgehoben. Geborgenheit und Zutrauen wachsen nur mit der immer wieder zuverlässig erfahrenen Fürsorge. Und das bleibt dann so, solange wir leben.
Wir sind angewiesen darauf, dass wir nicht alleine gelassen und der Einsamkeit preisgegeben werden. Bis ins hohe Alter, ja gerade dann, sehnen wir uns nach der immerfort zuverlässig gewährleisteten Rufweite von Menschen, denen wir nicht egal sind. Ebenso sind wir selber zuständig und bereit, für andere da zu sein. Das ist ein Geben und Nehmen, ein Dialog, Frage und Antwort. Beruhigen kann uns nur das gegenseitig geschenkte Echo der Liebe, in dem wir einander aufspüren und Begleitung sind. Dieses Modell der unverzichtbar erlebten Verlässlichkeit gilt auch für unsere Beziehung zu Gott. Auch nach ihm suchen und rufen wir. Dabei werden wir von den Lebensmenschen, die uns in ihrer Nähe aufblühen und groß werden lassen, angeleitet und befähigt, ermu-

tigt und bestärkt – oder nicht. Wir werden uns nur an einen Vater im Himmel wenden, der wie eine Mutter trösten kann, wenn Vater und Mutter hier samt sonstigem Personal uns mit ihrer ganzen Zuneigung glauben machen, dass es gut geht, wenn man sich anvertraut. „Ist da jemand?“ ist und bleibt die entscheidende Frage im Umgang mit dem Mut und der Courage zum Leben nach vorne. Wir fragen uns durch alle Gezeiten unserer Biografie immer wieder, ob da jemand ist und bleibt, dem wir uns beruhigt anvertrauen und überlassen können. Und so korrespondieren die unablässigen Tests auf garantierte Rufbereitschaft gegenüber unseren Mitmenschen mit genau diesem Ausprobieren der Gottesbeziehung. Natürlich hat dann doch jede Beziehungsebene irgendwann ihr Eigenleben. Aber Beides hängt schon zusammen und bedingt sich meist doch. Ich habe den Eindruck gewonnen, dass sich ähnlich wie die immer neue Art und Weise der Suche nach Menschen, auch die Suche nach Gott unser Leben lang verändert. Als Kinder sind wir mit anderen Worten und Bildern ausgestattet, wenn es um Gott geht, als wir das später werden. In jeder Lebensphase kann sich die Suche nach Gott ändern, neu ausrichten, anders aussprechen, variiert gestalten. Das Motiv „Ist das Jemand?“ ist mitreisend und spannend bis ans Ende. Aber es sucht sich neue und andere Ausdrucksformen und Räume. Wir sprechen in den verschiedenen Welten, durch die wir ziehen, unterschiedliche Sprachen und wir reden mit Gott ebenfalls anders von Zeit zu Zeit. Leben und Beten sind synchron im Verändern und doch gleich in der Sehnsucht nach Vergewisserung und Heimat. Es ist ein langer Weg vom Kindergebet zum erwachsenen Gespräch des Herzens mit Gott. Da kommt es zu allerhand womöglich auch dramatischen Phasen und Zeiten. Laut und leise, still und beschaulich, enttäuscht und voller Zweifel, untröstlich und trauerschwer ist ebenso echt und atemberaubend, wie heiteres, leichtes Unbeschwertsein als Christen-

mensch. Das ganze Programm wartet auf uns und ich denke, es lohnt sich, diesen spannenden Weg der Suche nach Gott und sich selbst anzuschauen.
Die Sprache des Glaubens hat viele verschiedene Dialekte. So auch die Sprache des Gebets. Je nach Situation, Ort, Bedingung, je nachdem, mit welchen Menschen und welchem Kontext wir konfrontiert sind, kommen andere Arten und Weisen des Betens zur Sprache. Ich beschreibe deshalb meine Gebetsbiografie nicht etwa, um mit ihr auf dem Laufsteg ihrer Aufmerksamkeit meine unvergleichliche Selbsterfahrung zu demonstrieren. Ich will Sie nur durch das Andeuten meiner lebenslangen Frage „Ist da jemand?“ und den für mich erlebten Antworten dazu anregen, Ihre eigene Spurensuche aufzunehmen und auf Ihr Gebetsleben wertschätzend zu schauen. Darum ist dieses Buch als Einladung für alle gedacht, die einmal gebetet haben, noch immer beten oder wieder beten wollen. Dabei werden Menschen auftauchen, die Ihnen nahe gekommen oder fremd geblieben sind. Sie werden sich erinnern, wie Ihr erstes Kindergebet geklungen hat, wie Sie womöglich zwischendurch das Gebet verlernt, vergessen oder vermisst haben. Es werden helle und dunkle Stunden in Ihrer Erinnerung auftauchen, vergebliches Rufen, Beten, das vermeintlich ins Leere gegangen ist. Und Sie werden hoffentlich auch dankbar auf Gottes erlebte Nähe stoßen. Für Beides wünsche ich Ihnen Mut und Aufmerksamkeit. Machen Sie sich auf so manche Überraschung gefasst. Und hören Sie nicht auf zu fragen: „Ist da jemand?“

Beten in Kindheit und Jugend

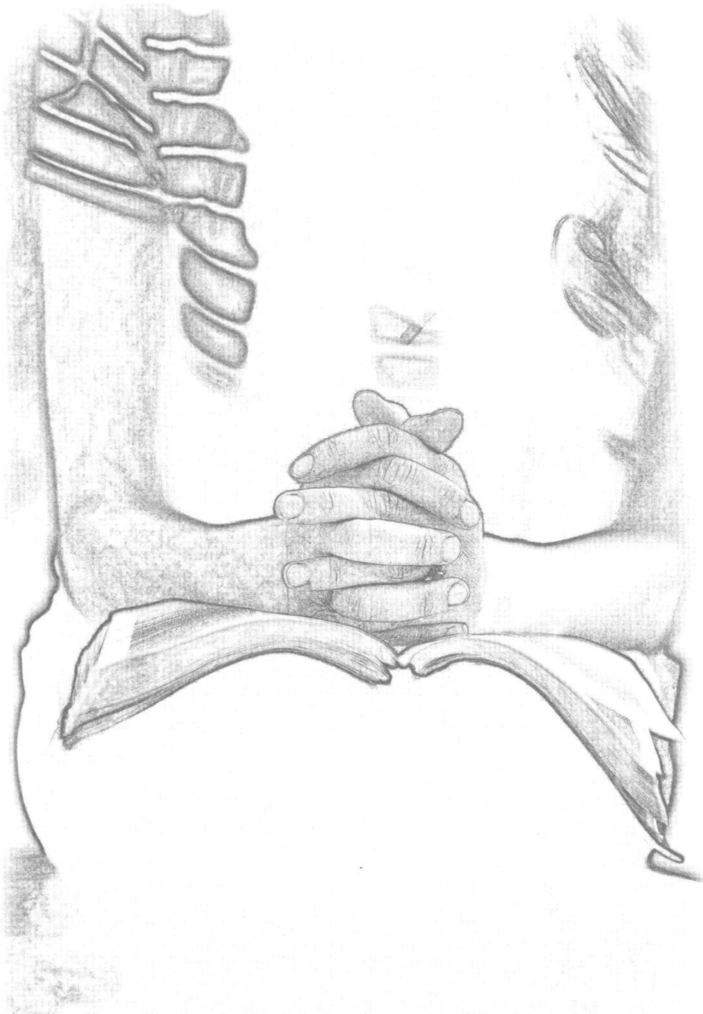

Morgen früh, wenn Gott will …

In meiner Kindheit waren Gebete von Anfang an so selbstverständlich wie Essen und Trinken. Meine frühesten Erinnerungen sind allerdings keine Worte, sondern die Stimmung, die Atmosphäre, die sich um das Beten legte. Meine Mutter hat uns Kinder ins Bett gebracht und dann auch ein Abendgebet für uns gesprochen. Welches es war, ist mir nicht bewusst. Ich habe verschiedene Puzzleteile gespeichert. Darunter:

„Breit aus die Flügel beide,
o Jesu meine Freude …
dies Kind soll unverletzet sein.“

Die 8. Strophe von Paul Gerhardts Lied „Nun ruhen alle Wälder“, aber auch:

„Müde bin ich, geh zur Ruh,
schließe beide Äuglein zu …“

Es mag auch noch andere gegeben haben. Mir ist gar nicht so wichtig, welche Gebete mit mir gesprochen wurden. Viel wesentlicher erscheint mir, dass gebetet wurde, weil es einer Haltung, einer Atmosphäre Raum gegeben hat, die uns Kinder in himmlischer Ruhe und Geborgenheit hat einschlafen lassen. Übrigens: „Lieber Gott mach mich fromm, dass ich in den Himmel komm!“ war nicht dabei. Dabei wird immer behauptet, das sei das häufigste Abendgebet früher gewesen. Bei mir nicht, seltsam, aber wahr, doch nicht wirklich bedeutsam, glaube ich. Wichtiger ist mir das ganz große Gefühl der Geborgenheit und das liebevolle Gesicht, das mich am Ende des Tages anschaut. Ansehen genießen auf dem Weg in die Nacht. Wie gut!

Viel deutlicher habe ich in meiner Erinnerung aber die Tischgebete abgespeichert, denn es war ein absolut verlässliches Ritual, vor und nach dem Essen am Tisch zu beten. Meistens hat mein Vater das Gebet gesprochen, selten unsere Mutter, ab und zu wurden auch wir Kinder dazu aufgefordert. Das Standartgebet zu Beginn war:

„Komm, Herr Jesus,
sei du unser Gast
und segne,
was du uns bescheret hast.“

Ob wir unter uns waren oder Besuch mit am Tisch saß, das spielte keine Rolle. Gebetet wurde immer, und niemand durfte aufstehen vom Tisch, wenn das Dankgebet noch nicht gesprochen war. Ich habe ganz deutlich die mahnende Stimme meines Vaters im Ohr, wenn sich da jemand unerlaubt davonstehlen wollte. Dann nämlich kam unmissverständlich das Veto: Wir haben noch nicht gedankt und zwar so:

„Herr,
wir danken dir für die Gaben,
die wir aus deiner guten Hand
empfangen haben.
Amen!“

Nach dem Mittagessen gab es noch eine Bibellese, die sich an den täglichen Vorschlägen der Herrnhuter Losungen orientierte. Am Abend wurde vor dem Dankgebet noch das Neukirchner Kalenderblatt gelesen. Mitunter mussten wir drei Geschwister dies reihum übernehmen, was sozusagen spirituell motivierte Nachhilfe im flüssigen lauten Lesen bedeutete. Da gab es kein Vertun. Es musste ernsthaft und ordentlich vorgelesen werden. Auffällig war schon sehr früh für mich als Kind, dass beim Lesen der Bibel, der Losung und der Kalenderandacht hochdeutsch gesprochen wurde. Niemals sonst, nirgendwo anders, habe ich im Dorf meiner Kindheit, in meiner Familie jemanden Hochdeutsch reden hören. Nur beim Beten und Bibellesen, ebenso im Gottesdienst. Mein erstes Sprachlabor zur Gewöhnung an die gehobene Sprache war also die Gebetszeit und der Sonntagsgottesdienst. Wir wurden sozusagen mit den Vokabeln des Glaubens alphabetisiert.

Das Vaterunser habe ich nie pfälzisch gesprochen – undenkbar. Insofern ist die Hinführung an die praxis pietatis nebenbei auch eine Frage der Bildung gewesen. Die Vokabeln des Glaubens haben mich das Sprechen gelehrt, ganz im Sinne des Reformators Martin Luther, der mit der Übersetzung der Bibel dem Volk ein erstes Lesebuch gegeben hat. Ich bin mir ziemlich sicher, dass Gott nicht unbedingt nur das Hochdeutsche versteht, aber es ist doch immerhin bemerkenswert, welche pädagogische Nebenwirkung das frühe Gebetsleben in meiner Familie gehabt hat. Die Sprache des Gebets als schulische Übung. In der Kinderstunde bei der Inneren Mission, die alle zwei Wochen im Haus meines Patenonkels stattfand, wurde ein Lied gesungen, das bis heute in mir klingt:

„Lies die Bibel,
bet jeden Tag,
bet jeden Tag,
bet jeden Tag,
lies die Bibel,
bet jeden Tag,
wenn du wachsen willst …“.

Wachsen, das wollte ich ja unbedingt. Also galt es, auch viel zu beten. In der Volksschule wurde im Übrigen auch jeden Morgen zu Beginn des Unterrichts gebetet – selbstverständlich:

Im Namen Gottes fang ich an.
Mir helfe Gott, der helfen kann.
So Gott mir hilft, wird alles leicht;
Wo Gott nicht hilft, wird nichts erreicht.
Drum ist das beste, was ich kann:
Im Namen Gottes fang ich an.
Amen

Erste Skepsis und Irritation im Umgang mit dem Gebet erfasste mich beim Singen des Abendgebets vor dem Schlafengehen:

„Guten Abend, gut Nacht,
mit Rosen bedacht,
mit Nelklein besteckt,
schlüpf unter die Deck.
Morgen früh,
wenn Gott will,
werd ich wieder geweckt."

Das mitzusingen ist mir zunehmend schwer gefallen, weil ich immer hängen blieb an der heiklen Passage „wenn Gott will" und wenn er nicht will, morgen früh? Was ist dann? Dieser Hauch von Spekulation machte mich misstrauisch. Man konnte also nicht sicher sein. Es war ganz offen, ob es ein Morgen früh geben sollte. Ich wollte natürlich schon, dass Gott will. Bis heute ist das so.

Zwei Worte, ein Gebet

Die Welt der Erwachsenen ist in der Wahrnehmung des Kindes oft rätselhaft. Was die Großen sagen und tun, das bleibt den kleinen Wesen eher verschlossen. Und mitunter dauert es viele Jahre, bis das Rätsel gelöst werden kann. So ist es mir ergangen mit dem merkwürdigen Abendgebet meiner Oma. Bei ihr war ich nach dem Tod des Großvaters öfters über Nacht. Man setzte mich da schon als Seelsorger und Trauerbegleiter ein. Ich bekam ein kleines Bett zu ihr ins Schlafzimmer gestellt und wurde so immer wieder Ohrenzeuge eines rätselhaften Kurzgebetes. Es bestand nämlich aus nur zwei Worten, die wiederum auch noch äußerst knapp daher kommen. Kurz, meine Oma legte sich um und sagte dabei:

„Gott walts!"

Ich hörte diese Worte ein ums andere Mal, aber ich konnte mir einfach keinen Reim darauf machen. Zu fragen traute ich mich nicht. Diesem „magic moment" war eine derartige Feierlichkeit eigen, sodass ich spürte: Das muss ein heiliger Augenblick sein. Danach zu fragen schien mir nicht ratsam. Im Hoheitsgebiet des Heiligen war und bin ich eher scheu.

Und so habe ich das *„Gott walts!"* mitgenommen auf meine Reise und sollte erst viele Jahre später des Rätsels Lösung erfahren. Da war meine Oma schon lange gestorben und ich in Heidelberg beim Theologiestudium. Ein Seminar zum Thema: Das Gebet. Sommersemester 1977. Ende 22 Uhr. Professor Walther Eisinger beschließt den Abend. Er tut es auf eine besondere Weise, passend zum Thema, mit einem Gebet: Martin Luthers Abendsegen – dieser beginnt mit den drei Worten: *„Das walte Gott …"*.

In dem Moment wurde mir mit Sekundenglück klar, was meine Oma seinerzeit so inniglich gebetet hatte. Es war die denkbar kürzeste Mitteilung an den lieben Gott, dass sie sich jetzt für die Nacht abzumelden gedachte und im Übrigen hoffte, dass Gott weiter aufmerksam waltet. Damit man ruhig schlafen kann, ist das ja nicht unwichtig zu wissen, ob noch jemand wach ist und aufpasst. Von dem Abend an ist mir Luthers Abendsegen zum Proviant auf Lebenszeit geworden. Wenn ich ganz besonders müde bin, nehme ich vertrauensvoll einfach nur Omas Kurzversion - und schlafe ganz in Frieden.

„Das walte Gott
Vater Sohn und Heiliger Geist!
Ich danke dir mein himmlischer Vater
durch Jesus Christus,
deinen lieben Sohn,
dass du mich diesen Tag gnädiglich behütet hast,
und bitte dich,
du wollest mir vergeben
alle meine Sünde,
wo ich Unrecht getan habe,
und mich diese Nacht
auch gnädiglich behüten.
Denn ich befehle mich,
meinen Leib und Seele
und alles
in deine Hände.
Dein heiliger Engel sei mit mir,
dass der böse Feind keine Macht an mir finde.
Amen“

(Martin Luthers Abendsegen)

Vegetarisches Tischgebet

Es mag eine himmlische Fügung gewesen sein oder auch nur eine gute Idee unseres Heimleiters oder Beides. Jedenfalls wurde ich im zweiten Jahr meines Internatslebens dazu auserkoren, im Speisesaal vor dem Mittagessen das Tischgebet zu sprechen. So etwas gab es damals tatsächlich in einem staatlichen Aufbaugymnasium in Kaiserslautern im Dunkeltälchen. Zuerst ertönte ein lauter Gong als Startzeichen und wenn Ruhe eingekehrt war, betete ich:

„Alle guten Gaben
und alles, was wir haben,
kommt, o Gott, von Dir,
wir danken Dir dafür!“

Diese Vorbeterrolle war nicht unbedingt beliebt. Eher belächelt. Ich spürte da schon verächtliche Blicke auf meinem Weg an meinen Tisch. Dieser Weg konnte kein leichter sein, weil er ziemlich weit war, sozusagen am anderen Ende des Speisesaals. Mir schmeckte das Amt von Anfang an nicht so recht. Es verschaffte mir nicht nur ein gewisses Imageproblem unter den gleichaltrigen Jungs, es führte außerdem dazu, dass ich für ein ganzes Schuljahr zu einem unfreiwilligen Vegetarier wurde. Denn die fünf Schurken an meinem Tisch haben sich einen Heidenspaß daraus gemacht, wenn auch nicht immer, so doch regelmäßig meine Fleischportion unter sich aufzuteilen. Bis ich nämlich, nach Verrichtung des Startgebetes, reichlich verspätet an unserem Tisch Platz nehmen konnte, war die Platte geputzt. Das war meinen Tischgenossen vollkommen wurst-egal!

Ich litt viel zu leise vor mich hin, beschwerte mich nicht und spürte, dass Beten vor allem womöglich eine brotlose

Kunst sein könnte. Manchmal ergatterte ich mir noch einen kleinen Nachschlag. Ungeachtet davon, blieb der starke Eindruck, dass Beten unter gewissen Umständen einen hohen Preis haben kann.

Im nächsten Schuljahr wurde das Gott sei Dank anders. Man hat mir – wiederum durch eine himmlische Fügung nehme ich fest an – einen privilegierten Platz an einem reinen Mädchentisch zugewiesen. Die Mädels, aus jeder Klassenstufe eine, waren fast alle bekennende Vegetarierinnen und meine bittere Zeit der Entbehrung deshalb endlich vorbei, denn nun war auch nach dem Tischgebet immer noch genug für mich übrig. Ein Jahr später gab es nur noch den Gong, dann gar keine gemeinsame Essenszeiten mehr und dadurch auch kein Gebet. Dass wir heute zuhause weitgehend vegetarisch kochen, mag durchaus in dieser Schulzeit schon auf lange Sicht angelegt worden sein und das Tischgebet ist bis heute meine Sache ganz ohne Gong!

Nur noch peinlich …

„Können wir heute einmal das Beten weglassen?" – das hätte ich meinen Vater ab und zu gerne am Wochenende gefragt, wenn ich jemanden aus dem Internat mit nach Hause brachte. Nicht alle Internatsschüler konnten an jedem Wochenende zu ihren Herkunftsfamilien heimfahren, entweder weil es zu weit war, zu viel Geld gekostet hätte oder einfach nicht gewollt gewesen ist. Warum auch immer, manche wollten auch gar nicht nach Hause. Ihnen war der Abstand wichtiger und deshalb kam es immer wieder vor, dass ich Leute eingeladen habe, mit mir nach Hause zu kommen und das Wochenende zusammen zu verbringen.

Wir sind dann am Samstagmittag mit dem Bus vom Hauptbahnhof in Kaiserslautern über Enkenbach nach Breunigweiler gefahren. Wenn wir bei uns zu Hause ankamen, sind wir in der Regel in den laufenden Betrieb des Bauernhofes mit eingestiegen. Da lag dann oft ein Zettel auf dem Küchentisch, der uns aufklärte wo die Familie zum Beispiel gerade jetzt auf dem Kartoffelacker arbeitet. Dann gab es klare Anweisungen an mich. Entweder ich sollte Aufgaben in Haus und Hof erledigen oder mit einem zusätzlichen Gefährt zum Feld hinaus kommen. Das war dann für meinen Gast durchaus fremd, aber auch unterhaltsam. Wenn es dann Abend wurde und sich die Familie zum Abendessen in der Küche versammelte, schämte ich mich schon lange, bevor das Ritual seinen Lauf nahm, denn das Tischgebet und die Andacht nach dem Essen wurden selbstverständlich wie immer absolviert, ob der fremde Besuch damit vertraut war oder nicht und in der Regel kannten meine Freunde weder Tischgebet noch fromme Andachten. Ich weiß gar nicht, ob es wirklich so schlimm für sie war wie für mich, aber überfordert sind sie schon gewesen mit der Überdosis an Frömmigkeit. Mein Vater zeigte sich davon wenig beeindruckt. Da konnten Leute zu Besuch kommen, im Hof stehen, auf den Ernteeinsatz warten, mit irgendeiner Frage vorbeikommen: Gebet und Andacht verliefen bei jeder Mahlzeit unbeirrt ohne Unterbrechung weiter.

Mir kam das damals als demonstrative Inszenierung vor. Ich fand es unerträglich und alles andere als gastfreundlich. Die Zahl meiner Wochenendgäste nahm auch nicht zu. Es hatte sich bald im Internat herumgesprochen, dass man bei Burgdörfers zuhause mit einer Evangelisationsoffensive rechnen musste, die es in sich hatte. Es begann eine zunehmende Entfremdung meinerseits mit der heimischen Frömmigkeitskultur. Ich ging auf Distanz, ging meine eigenen Wege, wollte mich befreien von dieser Enge und Kompromisslosigkeit. Ich fing an, politisch aufzuwachen, wurde von der späten 68-er Bewegung zumindest tangiert, rebellierte gegen Druck und Zwang, wollte lange Haare und kurzes Beten, zumindest das. Obwohl meine Absicht, nach dem Abitur das Studium der Theologie aufzunehmen, unverändert da war, zog ich doch innerlich aus dem Glaubenshaus meiner Familie endgültig aus.

Es war mir nur noch peinlich. Ich konnte auch die 14-tägig stattfindenden Bibelstunden kaum noch ertragen. Dieses freie unendlich lange Beten, diese autoritären Bibelarbeiten, diese unbedingt richtigen Auslegungen, ohne Ambivalenz und Zweifel, machten mich fertig. Da konnte ich noch eher den agendarischen Umgang mit Gott im landeskirchlichen Gottesdienst ertragen. Die Liturgie kam mir wie die Kleider vor, die man trägt, um nicht nackt da zu stehen. In der Bibelstunde waren mir die Leute zu ausgezogen und doch nicht echt. Ich habe lange nur noch davon weg gewollt, musste neue Vokabeln für den alten Glauben finden, eine Gebetssprache, die mir über die Lippen kam, leichter, freudiger, alltagstauglicher, weltlicher. Den Stellenwert und den Sinn dieser pietistischen Glaubensweise konnte ich mir erst viel später und nur ganz langsam wieder anschauen und wertschätzen. Erst einmal aber musste ich weglaufen, um irgendwann später darauf zurück zu kommen, aber anders, intimer, eben anziehend.

„Mein Gott, sei mir gut …“

Mitten in der wundersamen Krise der Pubertät ist alles extrem. Wer bin ich – und wenn ja, wie viele? Das ist tatsächlich die Frage. Mir selber fremd und alles wird so anders. Unsicherheit auf der ganzen Linie. Das ist auch für das Beten eine echte Herausforderung. Das Beten in meinem Elternhaus, von der Stimme und Art meines Vaters vertont und abgebildet, war mir auf einmal zu eng, zu nah, zu vertraut. Eine neue Sprache hatte ich noch nicht gefunden. Das Beten hatte Pause. Der Beter hatte Wichtigeres zu tun. War abgelenkt, unheimlich beschäftigt. Nicht nur die Anforderungen der Schule und die Grenzerfahrungen dort, der Notendruck und die Überforderungen waren vielfältig, Liebeskummer und Rangstreit inklusive und dann noch die Katastrophe, ein Selbstmord in der Familie. Ein Onkel nahm sich das Leben. Skandal und Drama im Dorf. Noch nie zuvor habe ich in so einen Abgrund geschaut.

In meiner Kindheit haben wir viel Zeit zusammen verbracht. Seit ich im Internat war, sahen wir uns aber nur noch selten. Er lebte allein. Es ging ihm nicht gut. Das wusste ich, mehr nicht. Eines Morgens fand man ihn tot. Die Welt stand still. Ein Tsunami von Angst und Schrecken, schlechtem Gewissen und Schuld, Vorwürfen und Entsetzen überflutete die ganze Familie. Die Blicke, das Schweigen, das Fragen der Leute waren schwer zu ertragen. Mein Heimleiter holte mich aus dem Unterricht und brachte mich mit seinem Auto nach Hause. Der totale Ausnahmezustand verschlug allen die Sprache. Mir stockte der Atem, als sie den Sarg an unserem Haus vorbei zum Friedhof brachten. Ich durfte ihn nicht mehr sehen, dafür aber seinen Abschiedsbrief. Den hatte er in seinen letzten Stunden am Küchentisch geschrieben.

Ein Blatt Papier, nur halb beschrieben. Am Ende nur noch Striche, aber vorher gestochen scharf und gut leserlich der letzte Satz – ein Gebet. Ausgerechnet von ihm, der sich ansonsten fern hielt von allem was im Verdacht stand, etwas mit Glaube, Kirche und Frommsein zu tun zu haben. Geradezu allergisch reagierte er darauf, aber das ist eben nur eine Seite gewesen – wie immer bei uns Menschen. Wir sind eben Viele, er auch.

Das Drama seines ganz jungen Lebens ist wohl die erzwungene Teilnahme am Krieg gewesen. Davon hat er sich nie mehr erholt. Er starb mit der Bitte um Vergebung. Sein letzter Satz war ein Gebet. Für mich war diese Zeile der einzige Halt und Trost in diesen Zittertagen. Nichts und niemand vermochte mir darüber hinweg zu helfen. Es hat sich auch niemand darum bemüht. Alle hatten mit sich selber zu tun. Das reichte vollkommen.

Nach der Beerdigung, die ich wie einen fremden Film an mir vorbeiziehen sah, ohne darin vorzukommen, brachte man mich wieder zurück ins Internat. Zum Glück hatte ich Freunde im Zimmer, die fragten und einen Heimleiter, der sich sorgte und Anteil genommen hat. Das Gebet meines Onkels aber hatte eine solche Strahlkraft für mich. Es war so wertvoll, echt und belastbar wie nichts auf der Welt. Zeigte es mir doch, dass da ein Mensch freiwillig seinem Leben ein Ende gesetzt hat, aber nicht seiner Beziehung zu Gott, dass er im Gegenteil im Gehen sich zugewandt und geöffnet hat für das liebevolle verzeihende Entgegenkommen unseres Gottes. So jemand konnte nicht verloren gehen – dachte ich. Der ist bei diesem Gott ganz gut aufgehoben, weil der ihm gut ist. Alles andere mag nicht gut sein. Gott ist es.

Ich habe zwar die Vorwürfe und das Unverständnis der Lebenden gehört. Wenn sich jemand umbringt, ist das immer auch ein Angriff auf die Menschen, die zu ihm gehört haben. Niemand tötet nur sich selbst. Da stirbt ganz viel bei seinen

Menschen, die ihn umgeben, mit. Das ist eine schreckliche Tatsache und bleibt ein Lebensthema für alle. Trotzdem hat mich bis heute diese Bitte versöhnlich mit diesem größten anzunehmenden Unfall umgehen lassen, dem ersten in meinem Leben, den ich nur überstehen konnte, weil es diese eine Bitte aus der Hand des Verstorbenen gab:

„Mein Gott, sei mir gut …“

Beten im Aufbruch

Wie wir beten können

Wenn man sich umzieht, die alten Kleider ablegt, sich verabschiedet von der zu eng gewordenen Garderobe, dann ist man erst einmal nackt. Ehe die neuen passenden Stücke gefunden und angezogen sind, gibt es unvermeidlich diese Zwischenphase. Sie ist nicht schön. Es ist kalt und merkwürdig fremd, unbehaust und leer. So ähnlich ging es mir ausgerechnet zu dem Zeitpunkt, da ich mich anschickte, in die Theologie einzusteigen. In Bethel an der Kirchlichen Hochschule galt es, zuerst einmal Hebräisch und Griechisch zu lernen. Diese Hürde wäre schon auch Grund genug gewesen, heftig das Beten zu üben. Zu grenzwertig und atemberaubend ist diese Mutprobe doch gewesen. Sie ging aber einher mit einer chronischen Sprachlosigkeit, was die persönliche Gebetspraxis anbelangt. Ausschließlich im Sonntagsgottesdienst und ab und an beim Mittagsgebet der ESG (Evangelischen Studierendengemeinde) reihte ich mich ein in das Beten der Anderen. So habe ich nicht nur die alten Sprachen lernen müssen, sondern auch langsam eine neue Sprache des Betens.

Die Vokabeln dazu musste ich mir bei Anderen ausleihen. Ich hatte sie nicht bei mir. Ich suchte und fand meine Stichwortgeber und Souffleure nach und nach. Sie hießen unter anderem Kurt Marti, Dorothe Sölle, Mascha Kaleko, Hans-Dieter Hüsch, Huub Oosteruis, Hilde Domin, Rudolf Otto Wiemer, Erich Fried, Lothar Zenetti, Peter Spangenberg, Marie Luise Kaschnitz, Ernesto Cardenal. Sie haben mich gerettet, neu angezogen, begleitet, versorgt, genährt, auf die Beine gebracht, ins Beten zurück geführt. Von ihnen und anderen zufällig entdeckten Wortspenden und nahrhaften, gottvollen Gedanken lieh ich mir aus, was meinen Hunger stillte und meine Blöße bedeckte. Ich wärmte mich in den Gebetsräumen der Poesie, in die andere mich einluden, genoss ihre

Gastfreundschaft, war gerne Gast in den Gebeten, in die sie mich ohne Vorbehalt hereinließen. Favorit unter den Kleiderspendern war für mich Jörg Zink.

Sein 1970 erschienenes Buch trug den bezeichnenden Titel „Wie wir beten können". Es ist mir zum treuen Begleiter und lebenslangen Gebetsspeicher geworden und geblieben. In seinem Vorwort heißt es: „Freilich werden wir in unseren eigenen Worten reden müssen, denn wir retten keine Kirche dadurch, daß wir nur überlieferte Worte wiederholen, als liege im bloßen Festhalten und Wiederholen von Bekenntnissen oder Kirchengebeten der Beweis des Geistes und der Kraft."

Jörg Zink, Wie wir beten können, Seite 6.

Tatsächlich fand ich bei ihm dann neues Vokabular, das mich anzog und neu ausstattete mit tragbaren und wetterfesten Formulierungen, in denen ich mich wohlfühlen und bergen konnte. Vor allem die zum Teil komplett neue Sichtweise auf das, was das Beten auch sein kann, hat mich überrascht und überzeugt. Gleich am Anfang des Buches nämlich präsentiert Zink einen für mich damals völlig neuen und faszinierenden Aspekt des Gebets, dass es nämlich nicht nur Reden, sondern zuerst und vor allem Schweigen bedeuten kann. Das hat mich absolut überzeugt. Bis heute gehört deshalb folgender Text zu meiner Gebets-Garderobe:

„Schweigen möchte ich, Herr,
und auf dich warten.
Schweigen möchte ich,
damit ich verstehe,
was in deiner Welt geschieht.
Schweigen möchte ich,
damit ich den Dingen nahe bin,
allen deinen Geschöpfen
und ihre Stimme höre.

Ich möchte schweigen,
damit ich unter den vielen Stimmen
die deine erkenne.
Als die Dinge in der Mitte des Schweigens standen,
sagt die Bibel,
da kam vom göttlichen Thron, o Herr,
dein allmächtiges Wort.
Ich möchte schweigen
und darüber staunen,
dass du für mich ein Wort hast.
Herr,
ich bin nicht wert,
dass du zu mir kommst,
aber sprich nur ein Wort,
so wird meine Seele gesund.“

Jörg Zink, Wie wir beten können, Seite 17.

„Wie wir beten können“ ist mir zum Wörterbuch und Nachschlagewerk geworden. Ich habe es all die Jahre greifbar in meiner Nähe behalten und persönlich als Sprechhilfe genauso benutzt, wie bei Gruppen und Kreisen und im Gottesdienst. Für mich sind die Formulierungen bis heute von keinem Verfallsdatum bedroht und nach wie vor alltagstauglich. Als Beispiel zitiere ich noch ein Gebet, das ich nicht nur an Silvester regelmäßig nachgesprochen und mitgebetet habe:

„Herr meiner Stunden und meiner Jahre,
du hast mir viel Zeit gegeben.
Sie liegt hinter mir
und sie liegt vor mir.
Sie war mein
und wird mein
und ich habe sie von dir.

Ich danke dir für jeden Schlag der Uhr
und für jeden Morgen,
den ich sehe.
Ich bitte dich nicht,
mir mehr Zeit zu geben.
Ich bitte dich aber
um viel Gelassenheit,
jede Stunde zu füllen.
Ich bitte dich,
dass ich ein wenig dieser Zeit freihalten darf
von Befehl und Pflicht,
ein wenig für Stille,
ein wenig für das Spiel,
ein wenig für die Menschen am Rande meines Lebens,
die einen Tröster brauchen.
Ich bitte dich um Sorgfalt,
dass ich meine Zeit nicht töte,
nicht vertreibe,
nicht verderbe.
Jede Stunde ist ein Streifen Land.
Ich möchte ihn aufreißen mit dem Pflug,
ich möchte Liebe hineinwerfen,
Gedanken und Gespräche,
damit Frucht wächst.
Segne du meinen Tag."

Jörg Zink, Wie wir beten können, Seite 81.

Gebetsgeländer

Ich gehöre zu einer Generation, bei der der Konfirmandenunterricht gerade im totalen Umbruch gewesen ist und deshalb auch einigermaßen leer. Der Katechismus hatte ausgedient, die antiautoritäre Pädagogik hatte ihm den Laufpass geben. Nur gab es für ihn noch keinen erprobten Ersatz. Der problemorientierte Ansatz hatte Charme, aber zu wenig Substanz und Tiefe. Er führte in eine spirituelle Hungersnot. Dazu gehörte unter anderem die fatale Nebenwirkung, dass wir im Unterschied zu unseren Vorfahren nichts mehr auswendig lernten. Diese Form der vermeintlich boshaften Schikane war plötzlich tabu. So kam ich im Theologiestudium an, ohne einen einzigen abgespeicherten Vers, ohne ein wirklich vorhandene eiserne Ration an abrufbaren Gebeten.

Mit diesem defizitären geistlichen Befund und Zustand trat ich 1977 ein Gemeindepraktikum in Zweibrücken-Ixheim an. Ich wollte unbedingt nach den ersten Semestern eine Relevanzkontrolle machen, wollte Bodenkontakt, suchte die Nähe zu der Praxis vor Ort in der Gemeinde. So lebte und arbeitete ich zwischen Sommersemester und Wintersemester mehrere Wochen im Pfarrhaus und begleitete meinen Mentor täglich bei seinem Dienst. Dieser führte neben dem Religionsunterricht, der Konfirmandenarbeit und den anderen standardisierten Arbeitsfeldern eines Pfarramtes auch in die Seelsorge im Krankenhaus und in den Altenheimen. Hier habe ich erstmals miterlebt, wie wertvoll der Schatz der biblischen Psalmen und der alten Lieder des Gesangbuches sein können. Mich hat beeindruckt, wie viel Ausstrahlung und Würde, welchen Glanz mitunter das Erinnern und Wiederholen dieser alten Textbausteine angesichts von Krankheit, Alter und Tod auszubreiten im Stande sind.

Bis heute kann ich mich an die Stimme meines Mentors erinnern, wenn er seine kleine Handagende aus der Tasche nahm und zum Beispiel den Psalm 71 vorlas:

***„Herr,
ich traue auf dich,
lass mich nicht zuschanden werden.
Errette mich durch deine Gerechtigkeit
und hilf mir heraus,
neige deine Ohren zu mir
und hilf mir!
Sei mir ein starker Hort,
zu dem ich immer fliehen kann,
der du zugesagt hast,
mir zu helfen.
Denn du bist meine Zuversicht,
Herr mein Gott,
meine Hoffnung
von meiner Jugend an.
Verwirf mich nicht in meinem Alter,
verlass mich nicht,
wenn ich schwach werde …“ .***

Ebenso fing ich damals an, mich mit den alten Gesangbuchliedern zu befreunden, die mir zuvor eher antiquarisch wertvoll erschienen. Jetzt spürte ich plötzlich, welche Trostqualität sie gespeichert haben. Zum Beispiel:

***„Befiehl du deine Wege
und was dein Herze kränkt
der allertreusten Pflege,
des, der den Himmel lenkt.
Der Wolken, Luft und Winden
gibt Wege, Lauf und Bahn,***

der wird auch Wege finden,
da dein Fuß gehen kann.“

So fing ich damals an, meinen Konfirmandenunterricht sozusagen nachzubessern und lernte Lieder und Psalmen auswendig. In unzähligen Situationen, bei Besuchen am Krankenbett oder Sterbelager, wenn es mir völlig die Sprache verschlagen hat und ich nicht mehr wusste, was ich sagen sollte, habe ich mich an dieses Gebetsgeländer geklammert und war unendlich dankbar für den reichen Schatz unserer Väter und Mütter des Glaubens. Auswendig lernen kann nämlich ganz schön inwendig sein.

Gebetsfrühstück in der Peterskirche

Meine zweite Etappe des Studiums hat sich in Heidelberg abgespielt. Hier habe ich nach dem Erlernen der alten Sprachen und ersten Gehversuchen mit dem Basiswissen um Altes und Neues Testament neue Schwerpunkte gesetzt und mich mehr der Systematischen und Praktischen Theologie zugewandt. Mein Gemeindepraktikum in Ixheim hatte meine Sehnsucht nach dem Praxisbezug gestärkt. Das spätere Anforderungsprofil in der Gemeindearbeit und meine Belegung von Vorlesungen und Seminaren waren jetzt verknüpft und steigerten die Motivation. Dazu gehörte auch die Suche nach einer mit Anderen gemeinsam gelebten Spiritualität. Ich erfuhr, dass es in der Peterskirche im Herzen der Stadt, nahe der alten Universität, einmal in der Woche, ganz früh am Morgen um

6 Uhr, eine liturgische Abendmahlsfeier mit anschließendem gemeinsamen Frühstück gab.

Obwohl ich nicht gerade zu der mir eher verdächtigen Gruppe der Frühaufsteher gehöre, habe ich mich aufgerafft und mich dieser Gruppe von Studierenden aus allen möglichen Professionen angeschlossen. Man saß im Altarraum im Stuhlkreis. Eine kleine Gruppe leitete die Liturgie des Morgengebetes. Mit der Zeit konnte man sich in das Ritual fallen lassen. Es trug einem in den langsam erwachenden Tag und das draußen aufschimmernde Morgenlicht verzauberte diese Stunde. Besonders eindrucksvoll war für mich der gegenseitig weitergegebene Friedensgruß, den ich bis dahin noch nie erlebt hatte und das gegenseitige Reichen von Brot und Kelch. Pünktlich um halb 8 gingen wir auseinander, um in das jeweilige Tagesprogramm einzusteigen.

Zum ersten Mal war ich Teil einer punktuellen Lebens- und Glaubensgemeinschaft, in der allmählich Vertrautheit und Nähe wuchsen. Meine erste Ahnung davon, wie sich Gemeinde und Gemeinschaft bildet, wie durch das Feiern des Glaubens eine Basis entsteht, die tatsächlich durch die Woche trägt und mitunter mehr noch als der Sonntagsgottesdienst Gemeinschaftserlebnis ist, ist mir bis heute ein Schatz. Es begann eine allmähliche Entdeckung des Abendmahles als tatsächlich erlebbare Kraftquelle. Das war mir als Pfälzer Protestant bis dahin weitgehend verschlossen geblieben, denn wir haben das Abendmahl eher zu vermeiden gewusst, es nur an den hohen Feiertagen mühsam und gebeugt begangen. In den meisten Gemeinden hielt man es für viel zu heilig, als dass man es durch zu häufigen Gebrauch verschleißen wollte.

Da es vor allem auf die Schuldfrage und die beschämende Sündenerkenntnis ausgerichtet war, fehlte ihm auch jede Freude und Leichtigkeit. Jetzt also eine Entdeckung von „bet und breakfast“ als wohltuende Mahlzeit in der Morgenstunde. Dass Glaube ein Fest ist, Gemeinschaft unter Christenmenschen guttut, Liturgie zur Heimat wird und man sich einander den Frieden erklärt, das gehört in meiner Erinnerung zu den wertvollsten Augenblicken außerhalb des Hörsaals in Heidelberg.

„Der Friede des Herrn sei mit Dir!“
„Und mit Dir!“

Mit anderen beten

Beten als Beruf

Als man uns im Predigerseminar in Landau im Vikarskurs die Agenden aushändigte, wurde es mir richtig bewusst. Jetzt werde ich Beter von Beruf. Ich hielt das Gottesdienstbuch in der Hand, in dem für jeden Sonntag quer durch das Kirchenjahr der liturgische Ablauf und Gebete für den Gottesdienst abgedruckt waren. Deutlicher konnte man uns nicht sagen, dass wir ab sofort das Mandat zum öffentlichen Vorbeten hatten, sei es Lust oder Last. Jetzt begann das Einüben einer vollkommen neuen Rolle. Damit die Leute unsere wackelnden Kniee nicht sehen konnten, steckte man uns vorsichtshalber in einen Talar. Auch diese Veränderung machte großen Eindruck auf uns. Diese Berufskleidung machte uns von weitem erkennbar zu Liturgen und hauptamtlichen Gläubigen. Nach anfänglichem Unwohlsein und einer nicht unwesentlich irritierenden Scham und Scheu, entdeckte ich bald, wie entlastend diese Amtstracht auf mich wirkte. Immer wenn ich vor einem Gottesdienst den Talar anzog, half mir das zur Konzentration und Klärung. Ich war jetzt nicht mehr nur der private Christ, ich hatte einen öffentlichen Verkündigungsauftrag, der später mit der Ordination justiziabel und öffentlich gemacht wurde. Jetzt musste ich vor allem darauf achten, dass ich mit dem neuen Kleid nicht verkleidet auftrat, sondern weiterhin echt und ehrlich blieb, persönlich, aber nicht privat. An dieser Performance lässt sich ein ganzes Berufsleben lang unablässig arbeiten, ohne dass jemals ein endgültig geglücktes Ergebnis gefeiert werden kann. Es bleibt eine Herausforderung.

Der Berufsbeter ist herausgehoben aus der Gemeinschaft der Glaubenden, aber er steht nicht über ihnen. Er hat zu dienen. Er tritt nicht vor seine Untertanen, sondern mit ihnen zusammen geschwisterlich vor Gott. Als Briefträger und

Nachrichtensprecher, als stellvertretend Betender, vor allem bei Kasualien, die die Betroffenen einigermaßen sprachlos machen und das nicht nur bei Beerdigungen. Ich soll und darf die Leute nicht „abkanzeln“, sondern mich mit ihnen in eine solidarische Gebetsgemeinschaft einfinden. Das fand ich in der liturgischen Haltung der lutherischen Gemeinden, bei denen ich in Bielefeld und Heidelberg zum Gottesdienst gegangen war, immer so bezeichnend. Da sieht die Gottesdienstordnung nämlich vor, dass sich der betende Liturg oder die Liturgin umdreht und mit dem Rücken zur Gemeinde betet. Daran konnte dann wunderbar abgebildet werden, dass alle in die gleiche Richtung schauen und miteinander gleichberechtigt vor Gottes Angesicht treten. Fortan habe ich als Gebetsprofi in Ausbildung immerfort zwischen agendarischer Korrektheit und persönlicher Betroffenheit balanciert.

Wie konnte ich vorgegebene Gebete so übernehmen, dass sie mir nicht fremd und verschlossen blieben, sondern Speicherkapazität für meine eigenen Eintragungen boten. Wie konnte ich meinem Auftrag gerecht werden, ohne mir selber ein Fremder zu sein. Oft las ich die vorgeschlagenen Gebete nur zu dem Zweck, dass ich am Ende wusste, wie ich es definitiv auf keinen Fall formulieren wollte. Oft schrieb ich eigene Gebete und ergänzte sie mit Textmodulen aus der Agende zusätzlich. Frei gebetet habe ich im Gottesdienst in 40 Jahren fast nie. Ich wollte diszipliniert und durchdacht vorbeten, um der Gemeinde nicht die allmähliche Verfertigung der Gedanken beim Reden zuzumuten. Ich weiß aber, dass es Kolleginnen und Kollegen gibt, die das in hervorragender Weise können und habe großen Respekt davor. Das ist ähnlich, wie das Talent zur freien Predigt, die manchen Berufsbetern gegeben ist – mir nicht.

Beten als Beruf ist aber nicht ausschließlich auf das gottesdienstliche Handeln bezogen, sondern spielt in den anderen Arbeitsfeldern eine ebenso signifikante Rolle, vor allem im

Unterricht und in der Seelsorge. Was den Religionsunterricht in der Grundschule betrifft, so habe ich auch da schnell die Bedeutung des Rituals schätzen gelernt. Es war für die Kinder und für mich schnell eine selbstverständliche Übung, grundsätzlich mit einem Morgengebet zu beginnen. Zum Glück kam Anfang der 1980ger Jahre ein neues Liederbuch auf den Markt, das sowohl Gebetsvorschläge als auch alte und neue Lieder anbot.

„MEIN LIEDERBUCH für heute und morgen" wurde 1983 vom Arbeitskreis für kulturelle Bildung und Medienarbeit der Jugendkammer der Evangelischen Kirche im Rheinland (Düsseldorf) und dem pädagogisch-theologischen Institut in Bad Godesberg in Zusammenarbeit mit dem tvd Verlag herausgegeben. Im Vorwort heißt es: „Es ist gedacht für den Einsatz in allen Bereichen der Gemeindearbeit, in Kinder-und Konfirmandengruppen, auf Freizeiten, vor allem aber in Schulgottesdiensten. Deshalb haben wir einen umfangreichen Wortteil mitgegeben, in dem Bibelworte, Psalmen und Gebete für die verschiedenen Zeiten des Kirchenjahres und für besondere Gelegenheiten zum gemeinsamen Beten angeboten werden."

Neben den 200 Liedern gibt es also reichlich Angebote für die Gestaltung von Kurzandachten. Neben der Notenausgabe im DIN A5 Format gab es eine kleine, sehr handliche Textausgabe, die sich als sehr nutzerfreundlich herausstellte.

Besonders aber der Mut zu einer neuen leichten Gebetssprache hat überrascht. Neben den traditionellen Angeboten, wie Martin Luthers Morgen- und Abendsegen, fanden sich darin verblüffend andere unverbrauchte Vokabeln, die attraktiv und gut aussprechbar für Kinder und Jugendliche daherkam. Zwei Beispiele, die ich ganz besonders gerne und häufig ausgewählt habe, will ich hier zeigen. Ein Morgengebet und ein Morgenlied, das ich oft auch als Gebet gesprochen habe:

Morgengebet

Wisch dir den Schlaf aus den Augen,
wir wollen die Sonne wecken.

Wacht auf meine Gedanken,
hört auf zu träumen,
der Tag beginnt mit dem neuen Leben.

Ich will dich Herr vor den Menschen preisen
und deinen Namen groß an den Himmel schreiben.

Ich will deine Güte bekanntmachen
bis an die Enden der Erde.

Es sollen gerettet werden,
die du liebst.
Es soll denen geholfen werden,
die du in dein Herz geschlossen hast.

So spricht Gott unser Herr:
Ich will euch heilig sprechen,
wenn ihr zusammenkommt
und Frieden schließt
mit allen Völkern dieser Erde.

Mit Gott werden wir Großes vollbringen.
Auf dem Weg des Friedens
werden wir die Hindernisse
unter unsere Füße treten.

(aus: „Mein Liederbuch für heute und morgen", Seite 12,
von Uwe Seidel nach Psalm 108)

Morgenlied

Jeden Morgen
gießt du von neuem
Sonne deiner Welt ins Angesicht;
sagst: Du bist meine Schöpfung

Jeden Morgen
weckst du von neuem
Leben deinen Städten in die Straßen;
sagst: Ihr seid meine Wohnung.

Jeden Morgen
gibst du von neuem
Stimme deinen Spatzen in die Kehle;
sagst: Ihr seid meine Lieder.

Jeden Morgen
streust du von neuem
Hoffnung allen Wesen auf die Wege;
sagst Ich bin euer Gott.

Jeden Morgen
hauchst du von neuem
Atem deinen Menschen auf die Lippen;
sagst: Ihr seid meine Bilder.

Jeden Morgen
küsst du von neuem
Farbe deinen Blumen in die Kelche;
sagst: Ihr seid meine Wunder.

(Text: Alois Albrecht)

Mit den eigenen Kindern beten

Der Berufsbeter ist jeden Tag im professionellen Gespräch mit Gott. Das bedeutet aber nicht zwangsläufig, dass er deshalb eine besonders innige Gottesbeziehung hat. Im Gegenteil! Ich habe in den ersten Jahren meines Dienstes meine eigene Gebetspraxis total vernachlässigt. Oft habe ich meinem Gott von weitem zu gewinkt und ihn wissen lassen, dass ich – in seinem Auftrag versteht sich – zu beschäftigt bin, um persönlich mit ihm zu reden. Ich hatte einfach zu viel zu tun und kam dabei nicht wirklich zum Beten. Die allmähliche Verwahrlosung meiner eigenen Spiritualität stand im krassen Widerspruch zu der nach außen fortwährenden Präsentation. Ich war sozusagen pausenlos dabei, in Kita, Schule, kirchlichem Unterricht, auf dem Friedhof und bei Besuchen mit und für andere Leute zu beten: Die Pflege der eigenen Gottesbeziehung, wo wir sozusagen „nur unter uns" gewesen wären, vergaß ich im Trubel. Zum Glück haben unsere Kinder dafür gesorgt, dass es zumindest zu den gemeinsamen Mahlzeiten und am Abend im Kinderzimmer Gebete gab. Ich partizipierte quasi an der Minimaldosis der Kindergebete, um nicht ganz zu verhungern. Unser Tischgebet von damals hieß:

Alle gute Gaben
und alles,
was wir haben,
kommt, o Gott, von Dir,
Herr wir danken dir dafür.

Das zu Bett bringen der Kinder am Abend ist mir als große Herausforderung in Erinnerung. Es sollte peinlich genau immer gleich ablaufen. Das Vorlesen der Geschichten musste sogar in der exakt identischen Betonung geschehen, sonst wurde protestiert und musste nochmal von vorne beginnen. Es wurden die Ereignisse des Tages in Ruhe nochmal bedacht und gewürdigt. Was gut gelaufen ebenso, wie das, was schief gegangen war. Dann kam das Abendgebet:

Müde bin ich,
geh zur Ruh,
schließe beide Augen zu.
Vater,
lass die Augen dein
über meinem Bettchen sein.
Hab ich Unrecht heut getan,
sieh es lieber Gott nicht an.
Alle, die uns sind verwandt,
Herr lass ruhn in deiner Hand.
Alle Menschen,
Groß und Klein,
sollen dir befohlen sein.

Die Passage „Deine Gnad und Jesu Blut machen allen Schaden gut“ haben wir bewusst weg gelassen, weil es uns ein Rätsel war, wie wir „Jesu Blut“ kindgerecht erklären sollten. Schließlich ist das Erlösungsmodell mit dem Versöhnungstod Jesu, selbst unter den Theologen, ein sehr komplexes Phänomen, das nie so ganz plausibel gemacht werden kann.

Uns erschien damals als Eltern das Vermitteln der Geborgenheit und das Anleiten zum Vertrauen wichtiger. Später haben wir den von Knut Trautwein stammenden Kehrvers oft gesungen, der da heißt:

Dieser Tag geht nun zu Ende
Herr du hast ihn gut gemacht.
Und wir reichen uns die Hände
Bitte sei bei uns auch in dieser Nacht.

Schwierig war immer auch, nach dem Beten zu gehen, denn die Kinder hatten ein feines Gespür dafür, wenn wir es eilig hatten. Dann fiel ihnen immer noch eine Frage ein, mit der sie uns länger festhalten konnten. Einmal, so erinnere ich mich ganz genau, war ich schon an der Tür angekommen und wollte mich davon schleichen, da kam im letzten Moment die Frage: „Papa, wird's morgen wieder hell?" Da musste ich natürlich noch einmal umkehren und diese Frage ausführlich abwägen, denn es war zwar bisher morgens immer wieder hell geworden, aber wie es aktuell um diese Sicherheit bestellt war, das konnte niemand wissen. Schließlich wird diese Frage ein ganzes Leben lang gestellt, wenn dunkle Schatten bedrohlich über uns hinwegziehen. Also keine leichte Aufgabe, diese Frage befriedigend zu beantworten.

Später kam zu dem Abendritual noch ein kleines am Morgen beim Abschied vor der Schule hinzu. Ein kurzes Segensgebet. Es hieß: „Sei gesegnet und behütet!" und war verbunden mit einem zarten Streicheln über den Kopf. An einem Morgen, erinnere ich mich, hat es plötzlich geklingelt, kurz nachdem unsere Tochter weggegangen war. Ich bin an die Gegensprechanlage, wir wohnten damals im 1. Obergeschoss, da hörte ich ihre aufgeregte Stimme sagen: „Papa, wir haben den Segen vergessen!" Ich stürmte sofort durchs Treppenhaus hinunter an die Haustür, wo das Kind einigermaßen aufgeregt stand und auf den vergessenen Segen wartete. Ich weiß heute nicht mehr, was ich gesagt oder gebetet habe. Sie allerdings hörte ich sagen: „Heute komm ich zu spät!" „Macht nichts!" hab ich hinterher gerufen, „zu spät aber dafür mit Segen!" Da hat sie sich noch einmal mit ihrem strahlend lieben Gesicht umgedreht und zurückgewunken.

Fisch und Taube

In meiner ersten Kirchengemeinde gab es einen sehr aktiven Bibelkreis. Der bestand schon vor meiner Zeit und wurde vom Nachbarkollegen gut betreut. Männer und Frauen aus fünf Dörfern, rund um Gundersweiler, trafen sich jeden Dienstag im Gemeindehaus. Es wurde viel gesungen und gebetet. Eine Bibelarbeit stand im Mittelpunkt. Die durfte nicht zu kurz sein. Das weiß ich noch so gut, weil ich bei meinem ersten Mitwirken nur zehn Minuten gesprochen habe und damit eine große Irritation ausgelöst worden war. Das mangelhafte Angebot wurde dann mit dem Singen von Wunschliedern geschickt überbrückt. Fortan gestalteten wir die Abende zu zweit, und die Gruppe wuchs und war äußerst treu. Hier kamen die Leute zusammen, die auch einmal den Mut hatten, zu mir zu sagen: „Ich bete für Sie!“, wenn sie sahen, dass ich das nötig hatte. Im Gottesdienst am Sonntagmorgen waren sie absolut präsent – Kerngemeinde eben. Gute fromme Leute. Viele von ihnen hatten einen Fischaufkleber hinten am Auto. Das Kennzeichen für Christen, denen das Bekenntnis besonders wichtig ist, denn die griechische Bezeichnung für den Fisch heißt ICHTYS. Das wiederum ist eines der ältesten Symbole der Christenheit und bedeutet: Jesus Christus ist Gottes Sohn, unser Retter.

Am Mittwochabend trafen sich auch Gemeindeglieder im Gemeindehaus. Sie nannten sich Friedensgruppe und hatten eine Taube auf ihre Autos, Taschen und Fahrräder geklebt. Das Zeichen für friedensbewegte Zeitgenossen, denen auch die globale Frage nach der Gerechtigkeit und der Bewahrung der Schöpfung am Herzen lag. Sehr engagierte, meist jüngere Leute. Frommes Getue, Teilnahme am Gottesdienst, Singen und Beten war eher nicht so ihr Ding, aber ernsthaftes politisches Handeln, wache Zeitgenossenschaft und christliche

Verantwortung nahmen sie sehr ernst. Sie sammelten Unterschriften gegen den Flugtag in Ramstein, gegen das Wettrüsten, sie gestalteten Friedenswochen und brauchten viel Zeit zum Diskutieren. An einem Treffen mit dem Bibelkreis waren sie eher nicht interessiert. Das galt im Übrigen auch umgekehrt. Die Teilnehmenden am Bibelkreis verband eine herzinnige Fremdheit mit diesen Tauben. Ich saß zwischen den Stühlen. Mir waren beide Gruppen wert und teuer. Bei Beiden war ich gerne dabei, aber mit ihrem jeweiligen Anliegen konnte ich sie nicht zusammenbringen. Dabei wollte ich so gern ein ganzer Kerl sein, fromm und politisch, betend und handelnd zugleich. Ich wollte Gott und die Welt zusammen sehen, wollte die Bibel und die Zeitung lesen und so sind mir Fisch und Taube zu meinen Glaubenshaustieren auf Lebenszeit geworden.

Als viele Jahre später im Jahre 2002 der MÖD, der Missionarisch-Ökumenische Dienst unserer Landeskirche, gegründet wurde, da haben wir Fisch und Taube zusammen als Logo ausgewählt. Seitdem sind sie dabei, sich zu versöhnen.

Beten und Atmen

Regelmäßige Besuche von Gemeindegliedern im Krankenhaus gehörten während meiner Zeit als Gemeindepfarrer zum festen Bestandteil des Wochenplans. Das Zeitfenster, das ich dafür freihielt, war der Samstagabend. Da gibt es so etwas wie Waffenstillstand auf fast allen Stationen. Wer nicht entlassen werden kann, hat ein weiteres Wochenende vor sich. Das Heimweh ist groß, die Ängste kommen hoch, die

Einsamkeit nagt an den Seelen. Es ist aber andererseits auch etwas ruhiger und deshalb können Gespräche und gemeinsam verbrachte Zeit zustande kommen und heilsam sein. Ich konnte so auch einen Gruß der Gemeinde am Vorabend des Sonntags vorbeibringen. Gut zwei Stunden bin ich so in der Regel unterwegs gewesen. Dabei konnte alles und nichts passieren. Leute haben sich gefreut und wollten sich gerne unterhalten. Manche warteten schon. Anderen war es eher unangenehm, ja lästig, dass der Pfarrer kam. Da galt es also immer, sensibel abzuwägen, wie viel Abstand und wie viel Nähe angebracht sein könnten. Fürsorgliche Belagerung war jedenfalls nie meine Absicht. Ich bot mich an, war aber auch bereit, nach einem kurzen Gruß wieder zu gehen. Auch mit dem Beten bin ich sehr vorsichtig und zurückhaltend gewesen. Angebot und Nachfrage regelten auch hier das Programm. Ich hatte immer Texte und Gebete in der Tasche, die sich bewährt hatten und die ich von Fall zu Fall verwenden und dann auf den Nachttisch legen konnte. Dankbar war ich auch für meine auswendig gelernten Verse und Lieder, die mich nicht selten in meiner Sprachlosigkeit retteten. An einen ganz speziellen Besuch erinnere ich mich besonders intensiv. Wahrscheinlich, weil ich auf der ganzen Linie versagt zu haben glaubte und beschämt von dannen zog.

Das kam so: Ich stand am Bett einer treuen Gottesdienstbesucherin. Seit ihrem 80. Geburtstag waren wir uns noch etwas vertrauter, weil mein Besuch damals besonders herzlich von ihr aufgenommen wurde. Da sie an diesem Nachmittag tatsächlich ganz alleine war, hatten wir viel Zeit. Das war selten an Geburtstagen. Nun also war sie wegen ihrem chronischen Asthma wieder einmal im Krankenhaus. Wir unterhielten uns, sie strahlte und freute sich über mein Kommen, aber es war schwer für sie, mit mir zu sprechen. Sie bekam ganz wenig Luft, rang jedenfalls sehr angestrengt um jeden Atemzug. Plötzlich überfiel sie ein heftiger Krampfanfall, ihr

Gesicht verfärbte sich, es war plötzlich so, als müsste sie auf der Stelle ersticken. Ich erschrak, drückte den Knopf, um Hilfe aus dem Stationszimmer zu rufen und war völlig ratlos.

Da stand die Nachbarin aus dem Bett neben ihr auf, kam rüber, legte den Arm um sie, hob sie etwas auf und fing an zu beten. Ich konnte es kaum fassen, aber sie begann tatsächlich das Vaterunser zu sprechen: „Vater unser im Himmel!" – Dann machte sie eine Pause – „Geheiligt werde dein Name." – Wieder eine Pause – „Dein Reich komme." Und wieder eine kurze Unterbrechung. So betete sie in ganz großer zärtlicher Ruhe und Gelassenheit dieses wunderbare Gebet, das ich schon so unzählige Male gebetet hatte, aber doch so noch nie, niemals zuvor. Niemals als „Erste Hilfe", als Atemspender, als Entspannungsübung, als Beruhigungsdosis, als Streicheleinheit, als Einfindung in eine ganz große Gelassenheit.

Als endlich die Tür aufging und eine Schwester zu Hilfe kam, war das Schlimmste schon wieder vorbei. Gerade hatten die beiden Frauen die letzten Zeilen des Vater Unsers zusammen gebetet und AMEN gesagt, gerade hatte sich so etwas wie ein erlösendes beruhigtes „Ist wieder gut!" eingestellt. „Wie haben sie das gemacht?" hat die Schwester verblüfft nachgefragt. „Wir haben zusammen das Vater Unser gebetet! Das hilft. Stimmts Herr Pfarrer?" Ich stand da, wie einer eben dasteht, wenn er zwischen beschämter Verlegenheit und sprachlosem Staunen schwankt. Seitdem weiß ich, dass Beten wie Atmen sein kann und das Atmen ein Beten ist. So gesehen ist das schon eine große Sache, wenn es am Anfang der Schöpfung in der Bibel heißt, Gott selbst habe dem Menschen seinen Odem eingehaucht. Odem, Atem, Lebenshauch. Wir atmen Gott, seinen Odem atmen wir ein und aus und beten frische Luft, frische Lust nach oben.

Beten mit den Andern

Die Evangelische Allianz ist der älteste Zusammenschluss evangelischer Christen. Die von ihr seit nahezu 170 Jahren organisierte Gebetswoche findet regelmäßig zu Beginn des neuen Jahres rund um den Erdball in über 70 Ländern statt. Hier sind sie also, die „global prayer". Es wird der Versuch gemacht, wenigstens einmal im Jahr über die Grenzen der einzelnen Landeskirchen, Freikirchen und Gemeinschaften hinweg, sich bei dem zu treffen, was Christen eigentlich alle gemeinsam haben sollten, nämlich beim Beten. Es gibt immer ein gemeinsames Motto, wie zum Beispiel 1993, als es hieß: „Gott dienen in seiner Welt".

Dazu wurden an jedem Abend der Woche, bei jeweils einer anderen gastgebenden Gemeinde, ein Abschnitt aus dem Römerbrief gemeinsam bedacht, anschließend gab es als Schwerpunkt eine gemeinsame Gebetszeit. In Landau in der Pfalz waren da regelmäßig Christenmenschen aus der Herrenhuter Brüdergemeine, der Evangelischen Stadtmission, der Freien Christengemeinde, der Baptisten und der verschiedenen Stadtkirchengemeinden beteiligt. Zum Abschluss wurde meist ein gemeinsamer Gottesdienst in einer der zur Verfügung stehenden Kirchen gefeiert. Das war des Öfteren unsere Stiftskirche, in der ich damals Pfarrer gewesen bin. Zum krönenden Abschluss wurde meistens auch das Heilige Abendmahl miteinander gefeiert. Dafür war ich am 16. Januar 1994 liturgisch verantwortlich und habe mit folgender Kurzansprache die Abendmahlsgemeinde angesprochen:

„Essen müssen wir alle.
Wir mögen einen noch so verschiedenen Geschmack haben
und unsere Essgewohnheiten können durchaus
unterschiedlich sein,

aber ohne Essen und Trinken kommen wir nicht aus.
Das haben wir in jedem Fall gemeinsam.
Ob mit Messer und Gabel ganz ordentlich und gepflegt
oder mit den Fingern ganz natürlich,
ob vegetarisch oder nicht,
wir essen solange wir leben
und trinken tun wir auch.
In der Pfalz sowieso…
Als Jesus sich von seinen Leuten verabschiedet hat,
um zurück zu seinem himmlischen Vater zu gehen,
da hat er nicht nur Segenswünsche
und einen guten Eindruck hinterlassen,
sondern er hat eine Stiftung gegründet,
die eine möglichst große Gewähr dafür ist,
dass seine Schwestern und Brüder trotz aller Geschmacksunterschiede
immer wieder zusammen kommen.
Er bringt uns alle immer wieder an einen Tisch.
Das schafft sonst keiner.
Er hat seine Gegenwart zeichenhaft gebunden an das,
was von Jerusalem bis Landau und Umgebung
allemal Grundnahrungsmittel ist –
an Brot und an Wein.
So hält er mit seiner Stiftung zusammen,
was zusammen gehört,
macht das Abendmahl zur vertrauensbildenden Maßnahme
trotz aller Verschiedenheit.
Wenn es darum geht, Leib und Seele zusammen zu halten,
sind wir angewiesen auf seine Liebe,
die bekanntlich durch den Magen geht
und nicht nur durchs Herz.
So wollen wir uns heute Morgen einladen lassen
an den Tisch unseres gemeinsamen Herrn,
die von ihm gestiftete Gemeinschaft feiern,

die man nicht nur besprechen,
sondern auch schmecken und sehen kann.
So ist unser Glaube eben auch
eine Geschmackssache!"

Dem schloss sich als Überleitung zu den Einsetzungsworten folgendes Gebet beziehungsweise Schuldbekenntnis an:

„HERR,
über Geschmack lässt sich trefflich streiten.
Wir haben als deine Kinder
ganz unterschiedliche Speisekarten
in unseren Gemeinden.
Vergib uns,
dass wir mitunter das,
was die anderen anrichten,
für ungenießbar halten,
ehe wir auch nur ein bisschen davon probiert haben.

Vergib
unsere einseitige geistliche Ernährung
und lass uns beim Feiern deines Abendmahles
auf den Geschmack kommen,
dass du uns eine Leibspeise anbietest,
die nahrhaft ist
für unseren unterernährten Glauben.
Vergib uns,
was wir dir,
uns selbst
und einander schuldig geblieben sind,
nur weil wir auf eigene Rezepte festgelegt waren.

Vergib uns,
dass wir so selten
alle an einem Tisch zusammen kommen,
den du doch gestiftet hast
als der Gastgeber unseres Leben.“

Beten im Haus für Kinder

Dass wir als Kirche häufig die Trägerschaft für Kindertagesstätten übernehmen, finde ich absolut sinnvoll. Die Begleitung der Mitarbeitenden, Unterstützung bei der Elternarbeit und christliche Feste zusammen feiern, das ist eine ganz große Chance. Ich habe mit viel Freude darüber hinaus mit Kindern auch gerne Gottesdienste gefeiert. Da gab es immer allerlei Anlässe. Neben den hohen Festen des Kirchenjahres, gab es Taufen, das Begrüßen und Verabschieden von Kindern und Mitarbeitenden, Jubiläen und Sommerfeste und natürlich auch Trauriges, bis hin zum Tod von Kindern. Einmal war ein sechsjähriges Mädchen bei einem Unfall tödlich verletzt worden. Die ganze Einrichtung stand unter Schock. Das Team wandte sich an mich mit der Bitte, irgendetwas zu machen, um den Kindern und allen Erzieherinnen auch einen Abschied zu ermöglichen. Die Familie der Kleinen waren keine Christen und wollten auch bei der Feier nicht dabei sein. Also versuchten wir ein Ritual zu begehen, das womöglich dabei helfen könnte, das Unbegreifliche zu begreifen.

Wir waren es zum Glück gewohnt, zusammen zu sein. An jedem Freitag hatten wir in der großen Turnhalle zusammen einen Wochenschlussgottesdienst. Da saßen mitunter über 80

Kinder im Kreis auf dem Boden, mit allen Mitarbeitenden, oft kamen auch Väter und Mütter, Omas und Opas dazu und nahmen dann anschließend die Kinder mit ins Wochenende. Dieses eingeübte Miteinander hat jetzt sehr geholfen. Wieder saßen alle im Kreis. Es war mucksmäuschenstill. In der Mitte stand ein Kinderstuhl mit einem Bild von Janusch und einer brennenden Kerze daneben auf einem stabil stehenden Hocker. Ich begrüßte etwa so:

Heute sind wir traurig.
Da steht ein leerer Stuhl.
Es ist Januschs Stuhl.
Sie kann nicht mehr bei uns sitzen.
Sie ist gestorben.
Ein Auto hat sie überfahren.
Sie war einfach über die Straße gegangen.
Da war es schon zu spät.
Wir denken an die Eltern und Geschwister.
Sie weinen bestimmt.

Wir hoffen,
dass sie jemanden haben,
der sie tröstet.
Wir wollen uns jetzt von Janusch verabschieden.
Und wir wollen Gott bitten,
dass er bei uns ist
und uns hilft dabei,
weil es uns so schwer fällt.

Aber zuerst hören wir ein wenig auf die Gitarre. Eine Mitarbeiterin spielte zart. Niemand störte oder lief davon. Danach kamen die Kinder nacheinander und brachten eine Blume und legten sie vor dem Stuhl ab. Mit einer solchen aufmerksamen Ruhe warteten die Kinder ab, bis alle drangekommen waren. Danach sprach ich ein Gebet:

„Lieber Gott,
wir verstehen das nicht.
Du verstehst das
vielleicht.
Mach es gut
mit der kleinen Janusch
und mit ihren Eltern
und Geschwistern
und den Großeltern auch.
In deiner großen lieben Hand
ist Platz
für uns alle.
Du verlierst uns nicht,
auch nicht,
wenn wir sterben.“

Wieder half uns die Gitarre, weiter zu atmen. Danach sagte ich:

„Was macht Gott mit uns wohl,
wenn wir sterben?
Ich glaube,
er macht es
wie mit den Samenkörnern.

Er macht aus uns was Neues.
Wir pflanzen deshalb heute draußen im Garten
ein Blumenbeet
für Janusch
und für alle Kinder.

Dann haben wir es tatsächlich geschafft, aufzustehen und zusammen das Lied zu singen, das wir bei jedem Wochenschluss gewohnt waren: Gott hält die ganze Welt in seiner Hand. Eine Extra-Strophe war für Janusch. „Gott hält die liebe Janusch in seiner Hand …“ Dann beteten wir unser Gebet, das seit Jahr und Tag in diesem Haus für Kinder wohnte:

„Die Woche geht zu Ende,
das Meiste war sehr schön.
Wir reichen uns die Hände,
sagen auf Wiedersehn.
Wir danken Gott für alles.
Er liebt uns
Groß und Klein.
Er segne und behüte uns
hier
und auch daheim.“

Dann ging der Segen wie ein Streicheln rundherum. Alle bekamen einen Streichelsegen und gaben ihn weiter. Es war zum Niederknien. Beim Hinausgehen bekamen alle Blumensamen in die Hände, der draußen in ein vorbereitetes Beet gesät wurde. Was uns blüht, ist neues Leben.

Beten mit den schweren Jungs

Die Evangelische Heimstiftung Pfalz betreibt in Landau eine Fachklinik für drogenabhängige junge Leute, die kriminell geworden sind. Diese können dort freiwillig einen stationären Entzug machen. Genau dorthin wurde ich im Jahre 2003 erstmals gerufen. Die dort arbeitenden Fachkräfte waren auf die Idee gekommen, den meist jungen Männern auch ein spirituelles Angebot zu machen. Wir vereinbarten, dass ich mindestens einmal im Monat, an einem Freitagabend, einen wie auch immer zu gestalteten Gottesdienst riskieren sollte. Es ist immer gut, wenn man sich auf eine neue Herausforderung einlässt, dass man keine Ahnung hat, was kommt. Es kamen zunächst nur ganz Wenige und die auch nur aus Neugier und mit ganz wenig Sitzfleisch. Ich erwartete die schweren Jungs im Keller in einem Multifunktionsraum, den ich mit Stuhlkreis und gestalteter Mitte möglichst attraktiv mit Rettungsring und Kerze zu gestalten versuchte. Meditative Musik lief beim Hereinkommen.

Interessanteweise zogen alle von Anfang an ihre Schuhe aus und setzen sich zunächst brav hin. Es konnte aber gut sein, dass schon gleich nach dem Anmelden, durch das Anzünden einer Kerze und dem „Ich bin jetzt da!“, einer aufstand und sagte: „Ich geh mal eine rauchen. Wer kommt mit?“ Manchmal war das schon das abrupte Ende der Veranstaltung, manchmal kamen sie wieder. Es war immer unkalkulierbar. Ich arbeite mit Symbolen, Texten, Bildern. Nie konnte ich vorher wissen, ob und warum etwas funktionieren sollte – und warum nicht.

Ganz gut klappte das regelmäßige „Wunschkonzert“, wenn sie sich gegenseitig ihre Lieblingslieder vorstellten und erzählten, was sie damit verbanden. Ich hatte zwar immer alles präzise vorbereitet, benutzte aber nie ein schriftliches Konzept.

Hätte ich auch nur einen Moment vom Blatt gelesen, wären sie womöglich gegangen. Immer mit Blickkontakt und direkter Kommunikation, versuchte ich sie möglichst lange mit ihrer Aufmerksamkeit zu halten. Kurze Sequenzen, nichts besser wissen, weltliche Worte für biblische Geschichten finden, Biografiearbeit und die Frage nach Gott irgendwie so zu verknüpfen, dass es für sie spannend sein konnte und sei es nur einen kleinen Moment. Dass ich beharrlich am Ende das Vaterunser betete, fanden sie total normal. Sie nahmen die Tatsache, dass ich Pfarrer war billigend in Kauf. Ich betete zwar meistens alleine, aber sie haben es nie lächerlich gemacht.

Im Gegenteil, sie spürten das Heilige, sagten sie zu mir. Manche liebten Gospelmusik. Die Zusammensetzung war ja alle zwei Wochen anders. Manche blieben Monate, andere waren nach drei Tagen weg, weil sie Stoff reingeschmuggelt hatten. Themen wie Vergeben, Verzeihen, Versöhnen, Neu anfangen waren immer dran. Denn irgendwie waren ihnen durch die Drogenkarriere allerhand Menschen unterwegs verloren gegangen, die sie jetzt vermissten. Egal wie ich es versuchte, abwechslungsreich und so spannend zu gestalten, es entwickelte sich keine stabile Sache. Es war immer eine Mutprobe und oft saß ich im Keller allein und wartete vergebens. Obwohl sie sich stets bei der Leitung für die Teilnahme anmelden mussten, konnte ich nie sicher sein, dass die Zahl, die mir genannt wurde, zustande kommt. Übrigens die Zigarettenpausen waren total nervig. Irgendwann kam ich auf die Idee, das Mobilar zu wechseln.

Ich beschaffte mir kleine Gebetshocker und räumte alle Stühle aus dem Raum. Ich hatte einfach den Verdacht, dass sie ja die ganze Woche schon im Stuhlkreis sitzen. Ich wollte ein komplett unverwechselbar anderes Ambiente schaffen und tatsächlich änderte sich mit dem Knien alles. Als ich sie zum ersten Mal selber kniend im Raum erwartete und die ersten ankamen, brauchten sie keine Regieanweisung, um zu verstehen, was hier abgehen sollte. Ab sofort knieten wir und hatten damit eine konkurrenzlos andere Körperhaltung, als sie die ganze Woche in allen anderen Räumen vorkam. Ab dem Zeitpunkt sprach das Setting für sich, auch die Raucher knieten. Jetzt änderte sich das Klima unter uns. Es wurde persönlicher, offener, frommer, dichter, liebevoller, näher. An einem Abend, als ich einen Segen zum Ende hin gesprochen hatte, sagte einer zu mir: „Kannst du das auch anders. Ich spür nix!“ Von dem Abend an begann ich vorsichtig tastend, meine Hände aufzulegen, reihum zu gehen und zu segnen. Eine für mich völlig ungeahnte Atmosphäre flutete den Raum. Jetzt wurden meine hilflosen Inszenierungen von möglichst spektakulärem Credotainment viel entspannter. Reden, Hören, Beten, Segnen. Das war alles, was zählte. Jetzt wurde es Seelsorge. Manche baten um Einzelgespräche, baten mich, Kontakt mit Eltern oder Freundin aufzunehmen. Ich hatte ihr Vertrauen geschenkt bekommen. Auch in die Dienstbesprechungen des Teams wurde ich jetzt ab und an dazu gebeten. Meine Arbeit war Teil der Therapie des Hauses geworden. Wirklich zum Niederknien.

Eines der Gebete, das von den „schweren Jungs“ besonders gemocht wurde, handelt von den verschiedenen Gesichtern, die wir zeigen, je nachdem, mit welchen Menschen und Umständen wir es zu tun haben. In der Therapie haben sie zum Teil endlich den Mut gefasst, sich diese unterschiedlichen Rollen und Identitäten anzuschauen. Da viele außerdem auch ein bisschen eitel auf ihre „Schönheit“ bedacht waren, nahmen sie diese Worte mit besonderer Aufmerksamkeit auf:

Leg mein Gesicht frei,
mach mich schön.
Wer mich entlarvt hat,
wird mich finden.

Ich hab Gesichter, mehr als zwei,
Augen, die tasten vor im Blinden,
Herzen aus Angst, die vor Angst vergehn.
Leg mein Gesicht frei,
mach mich schön.

Leg mein Gesicht frei,
mach mich schön.
Wer sich entlarvt sieht, wird gefunden
und wird ganz neu sich selbst verstehn,
wird leben, offen, unumwunden
und nirgends hin verloren gehen.
Leg mein Gesicht frei,
mach mich schön.

(Hub Osterhuis)

Beten auf dem Markt

Am sonnigen Pfingstwochenende im Mai 1999 haben wir auf dem Rathausplatz in Landau in der Pfalz den ersten Ökumenischen Kirchentag gefeiert. Das Motto hieß: Kirche auf dem Markt. Dort, wo gewöhnlich der Wochenmarkt zuhause war, wo große Weinfeste und der Nikolausmarkt sich großer Beliebtheit erfreuten und es bis heute tun, dort wollten wir ganz bewusst unter die Leute gehen, raus aus den Kirchenräumen und mitten hinein in das pulsierende Leben der Stadt. Zentral: die Eröffnung, Abend der Begegnung, Liturgische Nacht, Konzerte und Abschlussgottesdienst. Dezentral: die vielfältigen Angebote in allen Gemeindehäusern und Kirchen. Ein Programm, das über ein Jahr intensiver Vorbereitung mit vielen engagierten Haupt- und Ehrenamtlichen aus allen Gemeinden bedurfte, um endlich mit Gottes Hilfe über die Bühne zu gehen. Zusammen mit meinem katholischen Freund Dekan Klaus Armbrust habe ich damals das Festwochenende eröffnet:

„Willkommen zur Kirche auf dem Markt,
willkommen zum 1. Ökumenischen Landauer Kirchentag!
Willkommen zum Fest des guten Geistes!
Willkommen, Fremde und Freunde,
Nahestehende und Ferngereiste.
Willkommen, Katholiken und Protestanten!
Willkommen, Lutheraner und Reformierte!
Willkommen, Baptisten und Pfingstler!
Willkommen, ihr Volkskirchler und ihr Freikirchler!
Willkommen, Atheisten und Pietisten!
Willkommen mit euren Zweifeln und mit eurem Glauben!
Willkommen mit euren Visionen und euren Enttäuschungen!

Wir gehen aus uns heraus,
treffen einander vor der Kirchentür
unter dem großen Dach der Liebe Gottes.
Schön, dass Ihr alle gekommen seid.
Von nah und fern und hier und dort.

Wir eröffnen diese Festtage voll froher Erwartung
und sind gespannt, was Gott mit uns vorhat
auf dem Markt seiner Möglichkeiten.
Die nächsten 2 Tage sind unsere Sache
und doch ganz SEINE!
Wir haben organisiert,
ER steht darüber
und wird handeln an uns,
dass wir uns wundern werden.

So beginnen wir auch diesen Gottesdienst
und diesen Stadtkirchentag
in seinem Namen: Im Namen Gottes,
des Vaters
und des Sohnes
und des Heiligen Geistes.
Amen."

Nacheinander wurde dann der noch leere Tisch des Altars gedeckt. Mitarbeiterinnen und Mitarbeiter aus allen beteiligten Gemeinden brachten nacheinander Taufschale, Taufwasser, Bibel und Kerzenlicht. Dazwischen wurde gesungen und gebetet. Die Bläser erfüllten mit ihrem Klang die ganze Innenstadt und riefen immer mehr Leute und Passanten herbei.

Das Fürbittgebet wurde im Wechsel von Vertreterinnen und Vertretern der verschiedenen Gemeinden im Wechsel gesprochen, jeweils unterbrochen durch einen gemeinsam gesungenen Gebetsruf (Kyrie eleison):

„Guter Gott, himmlischer Vater!
Du hast eine große Familie
und wir gehören dazu.
In aller Verschiedenheit können wir Dich anbeten
und loben.
Mache aus uns eine bunte Gemeinschaft in
versöhnter Vielfalt.
Wir rufen zu Dir:

Wir danken Dir Gott,
dass wir feiern dürfen, zusammen,
hier unter freiem Himmel, in dieser Stadt,
auf diesem Rathausplatz.

Mache eine heitere Pfingstgemeinschaft aus uns,
damit wir aufeinander hören und einander verstehen.
Wir rufen zu Dir:

Wir bitten dich für die Menschen dieser Stadt,
dieser Region,
für die, die Arbeit haben und für die, die welche suchen.
Für die, denen viel gelingt und für die, die zu scheitern drohen.
Für die auf der Sonnenseite des Lebens
und für die im Schatten der verborgenen Einsamkeit.
Wir rufen zu Dir:

Wir bitten dich für unsere Kirchen und Gemeinden,
für alle Christen dieser Stadt:
lass sie zu sich und zueinander finden
und bei allem was trennt, verbinde Du
durch Deinen guten Geist der Kraft, der Liebe und der Besonnenheit.
Wir rufen zu Dir:

Wir bitten dich für die,
die sich nicht Christen nennen,
aber nicht weniger nach Sinn und Halt und Hilfe suchen.
Für die, deren Gebet Dich mit einem anderen Namen anruft.
Für die, deren Enttäuschung über die Kirche groß ist
und für die, die aufgehört haben zu beten,
weil sie vergeblich gehofft und gebangt haben.
Wir rufen zu Dir:

Wir bitten für die Männer und Frauen,
die öffentliche Verantwortung tragen,
in dieser Stadt, im Rathaus, in den Behörden und Ämtern,
in den Praxen und Krankenhäusern,
bei den Beratungsstellen und sozialen Einrichtungen.
Wir bitten für alle,
die sich ihrer Verantwortung bewusst sind
und für die, die schwer daran tragen.
Wir rufen zu Dir:

Wir bitten für unsere Partnerstädte und Gemeinden,
für die Menschen in der Nähe und Ferne,
mit denen wir uns in besonderer Weise verbunden fühlen.
Wir bitten für diejenigen, die uns das Leben schwer machen
und für die, um die wir uns sorgen.
Wir rufen zu Dir:

Wir bitten für unsere ausländischen Mitbürgerinnen und Mitbürger.
Schenke uns den Mut zu einer bewussten Verschiedenheit
in gegenseitiger Achtung.
Bewahre uns vor aller Scheu und allem Misstrauen
und stifte unter uns einen Geist der Bereitschaft
zum Verstehen und Verständigen.
Wir rufen zu Dir:

Wir bitten dich für die jungen Leute in dieser Stadt,
für die Kinder und Schülerinnen und Schüler.
Hilf zu einem aufrechten Gang
und einem gewaltfreien Miteinander.

Auf der Suche nach dem, was Sinn macht
und Zukunft bringt
und Liebe,
lass sie nicht allein.
Wir rufen zu Dir:

Für die Geschäftsleute und Handwerker,
für die, die Anderen Arbeit und Brot geben
bitten wir Dich um Mut und Gelingen,
in solidarischem Miteinander
und lohnendem Bemühen füreinander.
Wir rufen zu Dir:

Wir bitten für die alten und kranken Menschen,
für die Sterbenden und deren Angehörige.
Wir bitten Dich für die,
die schon vor uns gegangen sind,
den Weg hinüber auf die andere Seite Deiner
bewahrenden Gegenwart.
Im Vertrauen auf Jesus Christus
und auf seine Auferstehung
lass uns in Dankbarkeit mit Ihnen verbunden sein.
Wir rufen zu Dir:

Für diesen ökumenischen Kirchentag bitten wir Dich
um Bewahrung und Segen,
um Gelingen und Sonnenschein,
um Begegnungen und Kraft,
um Begeisterung und neue Impulse,
um ein Stück Pfingsten in unseren Herzen.
Wir rufen zu Dir:

Um Frieden bitten wir Dich,
um Frieden im Kosovo und anderswo,
um mutige Schritte weg von Misstrauen und Gewalt,
hin zu einem geschwisterlichen Miteinander.
Lass nicht zu,
dass wir Menschen einander all das antun,
wozu wir im Stande sind.
Wir rufen zu Dir:

Guter Gott, himmlischer Vater!
Du hast eine große Familie
und wir gehören dazu.
In aller Verschiedenheit können wir Dich anbeten und loben.
Mache aus uns eine bunte Gemeinschaft
in versöhnter Vielfalt.
Gemeinsam beten wir:
VATER UNSER …

Bin im Garten

Das Land Rheinland-Pfalz hat im Jahr 2011 entschieden, dass die Landesgartenschau 2014 in Landau stattfinden soll. Das ehemals von den Franzosen genutzte Militärgelände am Ebenberg in der Südstadt wurde als geeignet befunden. Ein gigantisches Projekt forderte die Stadt heraus – sie nahm die Herausforderung begeistert an. Ich habe nicht wenig gestaunt über einen Anruf des vom Land beauftragten Geschäftsführers, der mich bat, über eine mögliche Beteiligung der Kirche nachzudenken. Wie sich in den danach geführten persönlichen Gesprächen herausstellte, gehörte die Mitwirkung der Kirchen auch bei vorherigen Gartenschauen in Bingen oder Koblenz zum selbstverständlichen Konzept. Es begann eine reizvolle und überaus spannende Zusammenarbeit. Die Evangelische Kirche der Pfalz übertrug schließlich dem Missionarisch-Ökumenischen Dienst in Landau die Koordination und beauftragte meine Kollegin Mechthild Werner mit der Projektleitung. Es sollten fruchtbare und enorm kreative Jahre werden.

Interessant war dann auch, dass unmittelbar nach der Fertigstellung des ersten Verwaltungsgebäudes auf dem Landesgartenschaugelände, nachdem die Geschäftsführung dort eingezogen war, wiederum ein Anruf kam mit der Bitte, den geplanten Tag der Offenen Tür am 14. August 2011 mitzugestalten. Ich schlug einen Haussegen vor und ließ ihn speziell für diesen Anlass anfertigen. Er lautete so:

„An Gottes Segen
ist alles gelegen!
Alle,
die kommen und gehen
in dieses Haus,
sollen pflanzen und säen
über den Tag hinaus!“

Im Beisein des damaligen Ministerpräsidenten Kurt Beck, des damaligen Oberbürgermeisters Hans-Dieter Schlimmer, vieler Mitglieder des Stadtrates und natürlich der zahlreichen Anteilnahme der Bevölkerung, gestaltete ich zusammen mit der Kollegin Mechthild Werner und dem damaligen katholischen Dekan Klaus Armbrust ein ökumenisches Gebet, bei dem der Haussegen im Treppenhaus seinen Platz fand. Am Ende der Fürbitte hieß es:

„So bitten wir dich, Schöpfer und Gärtner unseres Lebens,
um deinen Segen für alles,
was in der kommenden Zeit
hier auf diesem Gelände
gespatet, gesät, gepflanzt und begossen wird.
Lass diesen Garten gedeihen,
schütze dieses Haus
und alle Räume,
die hier entstehen,
mach sie zu einer Oase der Ruhe
und Besinnung
und des friedlichen Begegnens.
Begeistere und beschütze
alle Mitarbeiterinnen und Mitarbeiter,
gib Geduld und einen langen Atem,
dass wir aufblühen
und Früchte der Liebe wachsen
für Zeit und Ewigkeit.
Gemeinsam beten wir das Gebet Jesu …"

Den langen Atem haben dann auch alle gebraucht, denn beim Gestalten des Geländes wurden Bomben aus dem Angriff auf die Südstadt am Ende des 2. Weltkrieges gefunden. Die zusätzlich benötigte Zeit der Vorbereitung führte schließlich zur einjährigen Verschiebung auf das Jahr 2015. Inzwischen hatte die Diözese Speyer Christine Lambrich als katholische Projektleiterin ernannt. Die beiden Frauen Werner und Lambrich bezogen alle ACK Kirchen in die Gestaltung von allerlei Angeboten mit ein. Es gelang, eine große Zahl von ehrenamtlich Mitarbeitenden zu gewinnen und so gut zu pflegen, dass eine großartige Arbeit geleistet werden konnte im ökumenischen Miteinander, für das die beiden Verantwortlichen mit einem wunderbaren Echo belohnt wurden. Insgesamt ist es gelungen, dass Kirche als Bereicherung der Landesgartenschau aufmerksam wahrgenommen werden konnte. Ein eigens dafür gebauter Kirchen-Pavillon, mit architektonischem Wagemut und Esprit aus Holz gestaltet, lag strategisch sehr günstig am Wegesrand und geriet zunehmend zum ear- und eye-catcher auf dem Gelände. Das Projekt bekam den vielversprechenden Namen „Himmelgrün" und geriet zur besten Kirchen- Imagekampagne, die ich mir vorstellen kann. Offen, zugänglich, vielfältig, bunt, überraschend, gottvoll. Für eine Aussendeandacht am 10. April 2015 schrieb ich folgende Meditation:

„Bin im Garten! Sagt Gott.
Bin im Garten und schau,
was sich erschaffen lässt himmelgrün,
Gras und Ufer, Wind und Weite,
meinen Menschen ein Zuhaus.

Bin im Garten! Sagt Adam.
Bin im Garten und schau,
schau wie das Leben lebt,
was himmelgrün uns blüht,
paradiesisch ohne Scham und Scheu.

Bin im Garten! Sagt Eva.
Bin im Garten und schau,
schau, wie der Apfel fällt
nicht weit vom himmelgrünen Stammbaum
und wie Adam die Unschuldsvermutung
in den Schatten stellt.

Bin im Garten! Sagt Jesus.
Bin im Garten Gethsemane,
schau jenseits von Eden,
wie der Himmel grau und bedrohlich sich wölbt
über den Fragezeichen der Angst und Bedrängnis.

Wachen und Beten,
Zögern und Zaudern,
verräterisch gefährdet
und doch voll Vertrauen.

Bin im Garten! Sagt Gott.
Bin im Garten und schau
Beides genau:
Himmelgrün und Himmelgrau,
Grünen und Blühen,
Welken und Weinen,
Wachsen und Vergehen
gärtnert die Werkstatt
quer durch die Zeit.

Bin im Garten! Sag ich.
Bin im Garten und schau
nach Adam und Eva,
wie sie Schlange stehen
und warten auf Jesus
und sein
Um Himmels Willen Gebet
und das Wollen,
wie Gott es will.

Bin im Garten und schau.
Wo sonst ist es so himmelgrün,
das Wiedersehn?
Bin im Garten
mit Vielen –
und wachse.
Amen“

„Wir haben noch gar nicht gebetet!“

Es ist eine lange Tradition, dass es im Pfarramt für Weltmission und Ökumene in der Pfalz regelmäßig ökumenische Mitarbeitende gibt. Diese kommen abwechselnd aus den Partnerkirchen in Korea, Indonesien und Ghana. Seit 2002 sind die beiden Pfarrämter für Weltmission und Volksmission zusammen unter dem Dach des MÖD (Missionarisch-Ökumenischer Dienst der Evangelischen Kirche der Pfalz) zuhause.

Im Jahr 2004 kommt eine neue Mitarbeiterin aus Ghana zu uns, Pfarrerin Elizabeth Aduama. Sie sollte an Pfingstmontag in der Landauer Stiftskirche feierlich eingeführt werden. Zur Vorbereitung dieses Gottesdienstes trafen wir uns im Team des MÖD. Wir nahmen uns viel Zeit, nicht nur wegen den noch nicht ganz so guten Deutschkenntnissen unseres Gastes, sondern auch, weil uns die Gestaltung dieses Gottesdienstes sehr wichtig war.

Nach mehr als zwei Stunden stand der Ablauf und waren die Aufgaben unter uns sorgsam aufgeteilt. Wir erhoben uns, hatten es jetzt eilig, dachten schon an die nächsten Termine und Verpflichtungen, aber unsere neue Mitarbeiterin blieb sitzen und schüttelte mit dem Kopf. Für einen Moment waren alle irritiert bis Elizabeth, nicht ohne eine gewisse Empörung in der Stimme, sagt: „Wir haben noch gar nicht gebetet!“ Einigermaßen beschämt schauten wir uns an und nahmen wieder Platz.

Genau das ist unter anderem der gute Grund dafür, warum uns die Partnerkirchen ein so wertvolles Gegenüber sind. Mag sein, dass wir irgendwann mit unserer Mission bei ihnen waren und mit mehr oder weniger Sensibilität für den christlichen Glauben geworben haben. Aber Mission ist lange schon keine Einbahnstraße mehr. Im Gegenteil. Wie es scheint, ist eher die Zeit gekommen, in der uns diejenigen, denen wir einmal das Evangelium von Jesus Christus gebracht haben, inzwischen als Botschafter und kritische Erinnerer zu uns kommen.

Tatsächlich sind sie nicht selten verwundert darüber, wie wir bei uns den Glauben leben und vermissen die Freude, die Jugend und vor allem das Gebet. Unser oft als alternativlos eingestufter Aktionismus vergisst mitunter, dass Beten ein professioneller Teil guter Vorbereitung ist. Seit jenem Vorbereitungstreffen hat es wohl kaum mehr eine Dienstbesprechung oder ein Planungsgespräch im MÖD gegeben, bei dem nicht zusammen gebetet wurde. Auch auf Reisen, auch bei Besuchen. Einmal hat uns Elizabeth bei einer Freizeit mit einer Idee überrascht, die sich sehr nachhaltig über ein ganzes Jahr als Anleitung zum Gebet ausgewirkt hat. Sie schlug bei der einwöchigen Silvesterfreizeit des MÖD, mit damals rund 60 Teilnehmenden, vor, wir sollten jeweils zwei Personen per Los einander als Gebetspaten zuordnen. Die beiden könnten dann bis zum nächsten Treffen das Jahr über den Kontakt halten und vor allem füreinander beten.

Ich weiß von vielen Teilnehmenden, dass sie zunächst verblüfft, dann aber im Laufe des Jahres beglückt waren über diese Fernwärme. „Wir haben noch gar nicht gebetet!" ist mir als bleibende Mahnung im Gedächtnis geblieben. Ich habe seither immer wieder erfahren, was es bedeutet, für ein Vorhaben nicht nur alle Talente und Begabungen zusammen zu bringen, alle besten Absichten und Methoden, sondern das gemeinsame Schauen auf Gott mit einzubeziehen. Weil nicht alles, was zappelt, auch lebt. Gute Augenblicke kurzen Innehaltens mit einem Team, auch kurz vor dem Start in eine Veranstaltung, habe ich immer wieder quer durch unsere Landeskirche erfahren. Die Sammlung vor der Sendung, die Besinnung vor dem Beginn. Beten als unverzichtbare Konditionierung auf das, was machbar und auf das, was nicht machbar ist. Danke Elizabeth!

Beten in Ghana

Im Juni 2009 durfte ich erstmals an einer Reise zur Presbyterianischen Partnerkirche nach Ghana teilnehmen. Eine ganze ems-Delegation unter der Leitung von Marianne Wagner, mit der ich viele Jahre lang den MÖD aufgebaut und geleitet habe, flog zu einer Synode (ems mission councel) nach Accra. Während die Tagung im Tagungshaus der Frauenarbeit in Abokobi stattfand, reiste ich mit Elizabeth Aduama zu verschiedenen Projekten und Einrichtungen, die von unserer Kirche begleitet und unterstützt wurden. Dabei habe ich eindrucksvoll miterlebt, wie unmittelbar und vital unsere Partner und Geschwister ihren Glauben leben. Am ersten Sonntag war ich zu Gast in Kumasi, der zweitgrößten Stadt neben Accra. Dort habe ich an drei Gottesdiensten nacheinander teilgenommen. Um 9 Uhr haben wir mit dem ersten angefangen, um 14 Uhr aufgehört.

Anfangs waren nur 20 Leute da, aber dann kamen immer mehr, teilweise nach zwei Stunden Fußweg. Während schon mal gesungen, getrommelt, begrüßt und gebetet wurde, kamen immer mehr herein. Bald waren es mehr als 300. Ich saß als Gast auf einem Ehrenplatz ganz vorne. Sie haben mir erklärt, der Sonntag sei der schönste Tag für sie. Sie freuen sich darauf, machen sich besonders schön, ziehen die hübschesten Kleider an und kommen gerne, um sich zu treffen, zu singen und zu feiern. Da waren Kinder und Jugendliche, spielten und rauften, flirteten und tuschelten. Männer tauschten sich zu wichtigen Fragen aus – die Frauen sowieso. Platz gab es für alle und Raum, um zum Mikrofon nach vorne zu kommen, um etwas zu singen, zu sagen, zu zeigen. Es erklang sowohl traditionelle als auch moderne, sehr laute Musik und manchmal war die Technik zwar nicht everybodies darling, das hat aber niemand gestört. Gottesdienst als fast zeitloses Verweilen vor Gott und Beieinander. Natürlich sollte ich auch etwas sagen und ich suchte nach Worten zumal ich in englischer Sprache noch nie zuvor gepredigt hatte. Irgendwie ging es aber dann doch. Schließlich sollte ich auch beten, dabei suchte ich noch mehr nach Vokabeln. Elizabeth flüsterte mir zu: „Beten kannst du ruhig auf Deutsch, dafür haben alle Verständnis!“ Was war ich erleichtert, mit meiner vertrauten Sprache weitersprechen zu können. Als ich dann mit dem Vaterunser begann, stimmten alle nacheinander mit ein, in ihren Stammessprachen, andere auf Englisch und alle haben wir im selben Moment AMEN gesagt. Am Ende brachten alle tanzend ihre Gaben nach vorne, namentlich aufgerufen nach dem Wochentag, an dem sie geboren sind. Erschöpft und glücklich brachen wir zum nächsten Gottesdienst auf, nicht ohne zuerst im Auto um Bewahrung für unterwegs zu beten, was sich immer öfter auch als sehr angebracht herausgestellte. Nie zuvor habe ich so abenteuerliche Autofahrten erlebt, in der Nacht sogar ohne Licht. Da lernt man das Beten ganz neu. Auch zu Beginn und am Ende jeder Begegnung war jeweils das Gebet der selbstverständliche Ausdruck für unsere Gemeinschaft in einer miteinander gelebten Gottesbeziehung. Ich habe das wunderbare Talent der Menschen zum Glücklichsein trotz mitunter widriger Umstände bewundert ebenso die Tatsache, dass man seinen Glauben anscheinend nicht nur bedenken, sondern auch tanzen kann.

Beten in der Sakristei

Es ist ja nur ein Nebenraum. Nicht überall in unseren evangelischen Kirchen gibt es ihn, aber da und dort eben doch. Angeblich ist sein Name von „Sekretarium" abgeleitet – und das markiert ihn eben als einen besonderen, abgesonderten Raum. In ihm wird untergebracht, was für das gottesdienstliche Handeln gebraucht wird: vasa sacra, Kerzen, liturgische Kleidung, Paramente, Altardecken und so weiter. Darüber hinaus soll er als Umkleideraum dienen, in dem man sich sammelt und womöglich auch mit den Personen zusammen ist, die den Gottesdienst mitgestalten. Backstage unterm Kirchendach.

Sportlern, Musikern, Sängern, Künstlern muss man den Sinn nicht erklären. Alle wissen ganz genau, wie wichtig der Rückzug vor dem Auftritt ist. Wie wichtig die Sammlung vor der Sendung. Wie entscheidend auch für die innere Spannung und Stimmung. Ein Fehlstart passiert womöglich weniger, wenn es an Startbedingungen dieser Art nicht fehlt. Besinnungslosigkeit als Grundstimmung wird der viel gelobten liturgischen Präsenz nicht dienlich sein. Vor dem feierlichen Einzug und Beginn können so die handelnden Personen schon schön eingestimmt, abgestimmt und ganz bestimmt geistesgegenwärtiger sein. Verschonung aller vor dem Blitzstart, jedweder Hektik und Fahrigkeit. Das wird im Gottesdienst sofort und ganz lange wahrzunehmen sein. Ohne das warming up, ohne die Besinnung und das konzentrierte Gebet, kommen wir nur schwer in die Nähe Gottes oder gar zu uns selbst und zueinander.

Auf meiner Reise als Wanderprediger durch mehr als 300 Orte habe ich allerdings einige Sakristeien betreten, deren innerbetriebliche Befindlichkeit dieser eigentlichen Sinnbestimmung nicht besonders zuträglich sein konnte. Der betörende

Charme von Rumpelklammern hat mir nicht selten einen Schrecken eingejagt. Die am häufigsten angetroffenen Gegenstände waren folgende: Gießkanne, Weihnachtsbaumständer, Kerzenreste, Urkunden von nicht erschienen Goldenen Konfirmanden, Liedblätter aus den letzten zehn Jahren, Staubsauger, Gartenschlauch, vergessene Schirme und Handschuhe, nicht überreichte Traubibeln und jede Menge Stifte und Kugelschreiber, Putzeimer, Zahlenkasten für die Liedertafel, jede Menge Besen und Lappen, leere und volle Weinflaschen, Lichterketten und Adventskranzreste, die Brot-für-die-Welt-Büchse und Blumenvasen, Streichholzschachteln mit abgebrannten Streichhölzern, CD Player, jede Menge Kabel und Mikrofonständer, Gemeindebriefe zurück bis zur Reformation, an der Wand ein alter Spiegel, ein museales Waschbecken, wenig Licht, der offenstehende Sicherungskasten, die ganze Heizungssteuerung, Gartengeräte und Streusalz auch, Schneeschieber und ein Rollstuhl für den Notfall, Erste-Hilfe-Koffer und Feuerlöscher, Garderobenständer und Mülleimer …

Das ist meine Inventarliste, die ich in den letzten Jahren innerlich angelegt habe. Falls wir so etwas wie eine Sakristei in den Kirchen haben, dann ist das leider oft die Abstellkammer für alles, was nicht hinter dem Altar versteckt werden kann und manchmal so etwas wie eine Deponie für allerhand archäologisch wertvollen Plunder. Genau in dem Raum beginnen wir unsere Gottesdienste, ziehen wir den Talar an und bereiten uns innerlich vor. Zur Sammlung schließt man ja ohnedies am besten die Augen. Das ist in solchen Fällen auch das Einzige, was man tun kann.

Ich frage mich nur, wofür diese Tendenz zur Verwahrlosung der Sakristei eigentlich steht, was sie uns anzeigt, wieso sie passieren kann. Womöglich ist sie nur ein Zeichen dafür, wie verzettelt und flüchtig wir in die Gottesdienste oft hineingehen und wie wenig Kultur der Sammlung in unsere

Gottesdienstpraxis eingegangen ist. Da beneide ich unsere katholischen Geschwister um die Würde und Konzentration, die Ordnung und Sauberkeit in ihren oft großzügig ausgestatteten Sakristeien. Oft durfte ich bei ökumenischen Gottesdiensten die Aufmerksamkeit für die liturgischen Gewänder, Andacht und Gebet miterleben. Immer hatte ich dabei den Eindruck, dass diese Zusammenkunft mit der Messdienerschaft, Sakristanen, den in den Gottesdiensten mitwirkenden Ehrenamtlichen, schon ein erster feierlicher Teil des gemeinsamen Gottesdienstes ist. Dieses bewusste Anberaumen in Ruhe und Abgeschirmtheit habe ich dann als Tor für den Eintritt in das bevorstehende Wunder der anzubetenden Gegenwart Gottes empfunden, fühlte mich getragen und gesegnet. Beten in der Sakristei. Wir brauchen unbedingt Rumpelkammer-Diener, die aufräumen. Da können wir ruhig ein bisschen katholisch sein.

In meiner Gottesdienstmappe, in die ich jeweils Ablauf, Liturgie, Gebete und Predigt einlege, befindet sich ein kleiner Zettel, den ich einmal in einer wunderbar gastfreundlich warmen Sakristei vorfand, als ich eine Urlaubsvertretung übernommen hatte. Der Kollege hatte eine Grußbotschaft auf den Tisch gelegt:

„Lieber Ludwig!
Dir einen gesegneten Gottesdienst.
Walter“

Beten als Zeitgenosse

Fluchtag Ramstein

Der Sonntag, 28. August 1988, war ein richtiger Sonnentag. Blauer Himmel, kein Wölkchen weit und breit, aber dann ist aus dem Flugtag in Ramstein ein Fluchtag geworden. Es waren trotz großer Proteste im Vorfeld und kontroversen Diskussionen über Sinn und Zweck eines solchen Spektakels auf dem größten amerikanischen Militärflughafen Europas mehr als 300 000 Menschen gekommen. Was uns die Woche über als lästiger Fluglärm die Nerven raubte, sollte jetzt als Unterhaltung für die ganze Familie bewundert werden. Bei der letzten Flugvorführung ist es dann passiert. Zwei Flieger touchierten sich irgendwie beim gewagten Manöver in der Luft und ein Feuerball raste auf die Menschen zu. Diese Bilder stehen mir bis heute vor Augen. Sie wurden später ein ums andere Mal im Fernsehen gezeigt. Diese Schreie, diese Panik, wie die Leute um ihr Leben rannten. Ich war damals junger Pfarrer in meiner ersten Gemeinde in der Nordpfalz. In der Region waren viele Familien betroffen, haben an diesem Mittag Angehörige verloren oder wurden selbst schwer verletzt. Der Schock saß tief. Der damalige Präsident der Evangelischen Kirche der Pfalz, Werner Schramm, ordnete sofort an, dass in allen Kirchengemeinden Gottesdienste stattfinden sollten. Er hatte es im Vorfeld gewagt, zum Boykott des Flugtages aufzurufen und eine heftige Debatte auch bei uns in der Gemeinde ausgelöst. In unseren Dörfern lebten viele amerikanische Soldaten mit ihren Familien. Sie halfen mit ihrer Miete bei so mancher Neubaufinanzierung. Außerdem arbeiteten auf dem Flughafen und seinem Umfeld jede Menge zivile Mitarbeitende aus unserer Region. Da ist es nicht so einfach mit dem Urteilen und Verurteilen. Da trauten sich Fisch und Taube nicht über den Weg.

Als aber das Unheil geschehen war, hat sich das Kirchenvolk Gott sei Dank, nicht in Besserwisser und vermeintlich bestrafte Opfer gespalten, sondern es gab plötzlich eine tiefe und echte Verbundenheit und Solidarität in gemeinsamer Trauer. Ich kann mich an den Abendgottesdienst in Gundersweiler am Mittwoch, dem 31. August 1988, um 19 Uhr noch genau erinnern. Wie da die Menschen aus den umliegenden Dörfern zusammen kamen. Ich hatte eine solche Stille, eine derart atemberaubende Ohnmacht im Kirchenschiff noch nie erlebt.

Ich weiß, dass ich es nicht schaffte, nach vorne zum Altar zu gehen, so weich sind meine Knie gewesen und so unpassend empfand ich es, mich vor die Trauergemeinde zu stellen. Im Talar blieb ich in meiner Kirchenbank bei den Leuten einfach sitzen, betete und sprach von dort aus. Selten habe ich so deutlich gespürt, wie wichtig und unersetzbar unser gemeinsamer Glaube sein kann, wenn wir ein Obdach brauchen für unsere Ratlosigkeit und Angst. Wir sind damals unter dem Kirchendach zusammengerückt wie auf der Flucht vor dem Feuerball. So saßen die Leute jeden Alters dicht gedrängt.

Nach dem Glockengeläut und einer Gitarrenmusik hielten wir erst einmal ein stilles Gedenken aus, dann sagte ich:

„Wir kommen zusammen,
um zu beten und nachzudenken
vor Gott unserem Vater,
der uns geschaffen hat,
vor Jesus unserem Bruder,
der für uns gestorben ist
und bitten um den Heiligen Geist
der Kraft, der Liebe und der Besonnenheit.
Amen.“

An jenem Abend lautete, nach einer kurzen Ansprache, mein Fürbittgebet so:

Herr unser Gott!
Vor dich treten wir
mit all unseren Irrtümern
und mit allen Fragen.
Überlass uns nicht uns selbst.
Bleibe bei uns.
Lass uns nicht verlorengehen.
Hilf uns zur Nachfolge Jesu.
Wir bitten:
Herr erbarme dich!

Viele Menschen mussten sterben
auf grausame Art.
Familien sind auseinandergerissen,
Kinder ohne Eltern,
Jugendliche weggerafft.
Herr, sieh dieses Leid.
Nimm dich der Getöteten an.
Wir bitten:
Herr erbarme dich!

Die Krankenhäuser sind voller Verwundeter.
Grausame Verbrennungen,
innere Verletzungen,
Schock und Schmerz.
Herr, nimm dich dieser Menschen an.
Schenke Kraft und Genesung,
Gelingen den Ärzten,
Geduld den Pflegenden.
Wir bitten:
Herr erbarme dich!

Das Beste, was uns je eingefallen ist

„Wer nicht an Wunder glaubt, der ist kein Realist!" Das hat Ben Gurion, der Staatsgründer Israels, einmal gesagt. Das bedeutet: Wunder sind absolut realistisch. Mit ihnen muss man ernsthaft rechnen. Genau das beweist eindrucksvoll der Mauerfall 1989. Das war das Beste, was uns Deutschen je „eingefallen" ist. Kein Mensch hatte sich das wirklich so realistisch vorstellen können und kein Mensch hätte sich das träumen lassen, dass es wirklich passiert, so passiert – nämlich ganz ohne Gewalt und Panik, ohne den allzu menschlichen Kurzschluss mit all seinen brutalen Seiten. Nicht ein Schuss ist gefallen als die Mauer gefallen ist. Die sogenannte Friedliche Revolution, sie hat tatsächlich funktioniert- und zwar gewaltfrei und mit ganz vielen Gebeten. „Mit meinem Gott kann ich über Mauern springen!", sagt die Bibel. Unter diesem Motto habe ich damals in meiner Kirchengemeinde, am Tag der Deutschen Wiedervereinigung, dem 3. Oktober 1990, einen Dankgottesdienst gehalten. Vorher war ich in Berlin und hatte dort wie im Traum zugesehen, wie sich die Leute ganze Stücke aus der Mauer meißelten. Die sogenannten Mauerspechte.

Ich besorgte mir damals ein ziemlich großes Stück und nahm es mit nachhause. Nie werde ich vergessen, wie das war, als während dieses Dankgottesdienstes dieser große Mauerbrocken von Hand zu Hand durch die Bänke gereicht wurde. Wie wir im Gottesdienst das Souvenir betastet, betrachtet und gewichtet haben, wie wir das Unbegreifliche langsam begriffen. Scharfkantig war das Ding, vorne bunt besprüht, schwer natürlich. Es machte uns alle ganz still und nachdenklich. Ein Stück dieser historischen Mauer in unseren Händen, ein sichtbares Zeichen dafür, dass etwas überwunden worden war, etwas, das sich 28 Jahre auf 168 Kilometern Länge als so felsenfest und unverrückbar präsentiert hatte. Der Stein des Abbruchs war ins Rollen gebracht. Jetzt gab es kein Halten mehr. Der Durchbruch war geschafft, ganz real, ganz wunderbar. Auch wenn auf dem Weg zur Einheit noch allerhand Steine im Weg lagen, es war ein Meilenstein auf dem Weg in die Zukunft, den wir da ganz handfest präsentierten. Ehe der Stein durch die Kirchenbänke wanderte sagte ich damals Folgendes:

„Das ist ein Stein.
Ein Brocken.
Ein schwerer Brocken aus Beton.
Beton –
es kommt drauf an,
was man draus macht!
Beste Qualität,
jedem Härtetest gewachsen,
lange Zeit jedenfalls,
der Stein des Anstoßes,
er war ein Teil der Berliner Mauer,
jenem Mahnmal menschlicher Verwirrung.
Die Mauer war ein Schnitt mitten durchs Herz,
hat Berlin und den Menschen in Ost und West wehgetan.
Sie ist gefallen,
das Mauerwerk ist zerbröselt und durchbrochen.
Steine, die im Weg waren,
sind von den Herzen gefallen.
Das trennende Bollwerk ist zerlegt
und entschärft
und auf die ganze Welt verteilt.
Die steinharte Mauer ist zum Souvenir der Freiheit geworden.

Ich lasse ihn von Hand zu Hand gehen,
diesen Brocken.

Geben Sie ihn weiter
und machen Sie sich dabei bewusst,
was wir da durch unsere Kirchenbänke reichen.
Kaum zu begreifen …
ein Stück aus der Geschichte,
aus dem Abbruch einer Epoche.
Wir haben oft mehr in der Hand,
als wir glauben.“

Gebetet haben wir:

Herr unser Gott,
dein ist die Macht im Himmel und auf Erden.
In deinen Händen wissen wir die Welt
und unser Leben.
Deine Nähe glauben wir – um Jesu Christi willen.

Vor dir denken wir daran,
dass die Mauer
zwischen den beiden Teilen unseres Landes
gefallen ist,
dass in unserer unvollkommenen Welt
unter uns
das Recht Raum gewonnen hat,
dass die großen Veränderungen
unter uns
im Frieden
geschehen sind,
dass die Menschen unseres Volkes
nach Jahren der Trennung
wieder zusammen gehören
und einander begegnen können.
Was wir nicht zu hoffen wagten,
ist geschehen;

vor dir denken wir daran
und danken dir dafür.
Wir wissen,
dass nun auch die Mauern in uns fallen müssen,
dass Gerechtigkeit
und Barmherzigkeit unter uns
Raum gewinnen müssen,
dass wir voneinander lernen
und miteinander teilen sollen,
dass wir Verantwortung tragen
für das Miteinander in Europa
und den Frieden,
dass wir die Hungernden und Elenden in der Welt
nicht vergessen dürfen.
Die Aufgabe ist groß;
vor dir denken wir daran
und bitten dich um deine Hilfe.

Aktion und Kontemplation

„Die Zeitung lesen heißt sich entsetzen, heißt erschrecken, heißt staunen oder bangen. Wer nicht weiß, was er beten soll, schlage eine Zeitung auf und rede mit Gott über das, was er liest. Er wird, ehe er es sich versieht, ein Fürbittender sein. Er wird für sein eigenes Ergehen danken. Er wird verstehen, was es bedeutet, dass fremde Menschen seine Brüder und seine Schwestern sind. Er wird von sich selbst frei werden. Er wird vielleicht überhaupt auf diesem Wege das Gebet entdecken.“ (Jörg Zink, Wie wir beten können, Seite 60)

Zeitgenossenschaft führt ins Gebet. Nach vielen Jahren vergeblicher Suche nach einer Spiritualität, die die Welt ins Gebet nimmt, habe ich in Landau im Umfeld der Stiftskirchengemeinde Weggefährten gefunden, die eine Freitagsandacht ins Leben riefen, in der Beten und Tun als Einheit christlicher Grundhaltung ernstgenommen wurde. Wir trafen uns regelmäßig zur Vorbereitung, bei der wir immer fragten, was ist im Moment in dieser Welt lokal und global Grund und Verpflichtung zum gemeinsamen Beten. Wir schauten auf die Apartheit in Südafrika und hatten dabei sogar eine Christin unter uns, die dorther kam. Das machte das Anliegen sehr konkret. Es hatte ein Gesicht. Wir waren aufmerksam für die tagespolitischen Themen.

Unseren Grundsatz sahen wir in den Worten Eberhard Bethges beschrieben: „Das Tun des Gerechten unter den Menschen bewahrt das Beten vor einer Flucht in selbstgenügsame Frömmigkeit. Das Beten bewahrt das Tun des Gerechten unter den Menschen vor Selbstgerechtigkeit. Das Tun des Gerechten bewahrt das Beten vor der Heuchelei, die zu allen Zeiten die Kinder der Welt an den Frommen entdeckten. Das Beten bewahrt das Tun des Gerechten vor Fanatismus. Das Tun des Gerechten bewahrt das Beten vor dem Pessimismus. Das Beten bewahrt das Tun des Gerechten vor der Resignation. Tun hält Beten in der Wirklichkeit. Beten hält Tun in der Wahrheit.“

Gemeinsam für Gerechtigkeit, Frieden und Bewahrung der Schöpfung zu beten und dabei das Feiern einer Herzensfrömmigkeit nicht zu verlernen, sondern geradezu nötig zu haben, das war die Entdeckung dieser Freitagsandacht. Denn es gelang mit dem Blick auf die Welt, unbedingt auch auf Gottes Nähe zu schauen. Deshalb war diese Andacht oft auch mit einer Agape-Feier verbunden. Als Beispiel zitiere ich eine solche, die mit der symbolischen Tauschhandlung von Stein und Brot begangen wurde. Alle Teilnehmenden nahmen zu Beginn einen Stein mit auf ihren Platz. Dieses Zeichen für die Last, die alle mit sich tragen, wurde dann in der Feier des Mahls folgendermaßen thematisiert:

„Die Steinzeit soll zu Ende sein.
Die Steinzeit unserer Herzen.
Jedem und Jeder von uns
soll heute Abend mindestens ein Stein vom Herzen fallen.
Wir dürfen ihn angeben. Loswerden.
Schließlich heißt es:
Alle Eure Sorge werfet auf ihn,
denn er sorgt für euch!

Die Entsorgung ist unser größtes Problem.
Was die Altlasten anbelangt,
so sind wir steinreich.
Christen sind aber Leute, die zum Tausch aufgerufen sind.
Der Wechsel war nie so günstig,
denn bei Gott stehen wir so hoch im Kurs,
dass er uns anbietet:
Steine gegen Brot,
Hoffnung gegen Verzagen,
Hoffen gegen Angst.
Niemand soll heute Abend diesen Stein wieder mit nachhause nehmen.
Das tun wir ja so oft:
beklagen, betrachten
und in die andere Hosentasche stecken
und uns davon wieder nach unten ziehen lassen.
Die Entlastung ist nur ein Steinwurf weit.
Und wer den Stein,
der auf seinem Herzen liegt ablegt,
hat endlich seine Hände frei,
um etwas ganz Neues zu begreifen und zu erfassen.

Denn:
Jesus hat zum Abschied nicht etwa ein Denkmal errichtet
aus kaltem Stein,
sondern Mittel zum Leben gespendet:
Brot des Lebens,
Kelch der Hoffnung.“

Beten und Tun. Gott und die Welt. Endlich konnte ich mit meinem Gebet auf zwei Beinen stehen und hatte meine Balance gefunden. Wir waren drinnen und draußen, machten ökumenisch Aktion gegen den Bürgerkrieg in dem ehemaligen Jugoslawien, sammelten uns mit den Menschen auf dem Rathausplatz und zogen dann mit Kreuzen in die Kirche. Dort angekommen, begrüßten wir die Menschen so:

„Der Schrei für die Opfer darf vor Gott und den Menschen
nicht verstummen.
Wir haben uns auf den Weg gemacht,
schweigsam und ratlos auch,
aber entschlossen und gemeinsam immerhin.
Was uns verbindet
über alle Verschiedenheit hinweg,
ist die Empörung
und das Entsetzen
über den grausamen Bürgerkrieg
im ehemaligen Jugoslawien.
Wir sind nicht auf dem Rathausplatz geblieben,
sondern hier hergekommen,
mitsamt der Kreuzeslast,
die uns bedrückt,
weil unsere Betroffenheit einen Ort haben soll,
einen Raum für Klage,
für Bitte
und für den Beginn eines neuen Handelns.

Hierher haben wir die Kreuze gebracht
zu dem,
dessen Passion es ist,
selber ein Kreuzträger zu sein.
Gott wartet und antwortet auf aufrichtige Gebete
und verantwortliches Handeln.
Deshalb protestieren,
deshalb klagen und bitten
und suchen wir jetzt und hier
in Gottes Namen.“

Bezeichnend für diese für mich neue Gebetshandlung war, dass wir damals ausgerechnet die Gebetsstille, den Verzicht auf zu viele Worte mit entdeckt haben und den Teilnehmenden eine Zeit und einen Raum anboten, selbst mit Gott alleine zu sein und das Gespräch des Herzens zu suchen.

In meinen Aufzeichnungen von damals habe ich folgende Hinführung dazu gefunden:

„Es ist jetzt Zeit zum Beten,
nicht zum Vorbeten,
sondern zum persönlichen Fürbitten.
Dazu ist jeder und jede von uns eingeladen.
Gebetszeit ist keine vertane Zeit,
keine Zeit des Nichtstuns
und der verpassten Gelegenheiten.
Wenn wir beten
sind wir ganz und gar aktiv
und offen.
In der Stille
liegt der Schlüssel
zur Begegnung
mit uns selber,
miteinander
und mit Gott.

Wer betet,
atmet Gottes Nähe –
auch und gerade
unterm Kreuz.
Es ist jetzt Zeit zum Beten.
Wir nehmen sie uns…“

Wir haben das Format der Freitagsandacht immerhin gute vier Jahre durchgehalten. Einmal im Monat war dies meine intensivste Suche nach einer authentischen Gebetssprache mit Bodenkontakt und himmelweiter Sehnsucht. Die Kontakte im Team der Kolleginnen und Kollegen hat zu Freundschaften geführt, die zum Teil noch heute bestehen. Gemeinsames Beten bringt auch eine enorme Verbundenheit auf den Weg. Die gemeinsame Suche nach mit- und nachsprechbaren Texten und Gebeten hat uns regelmäßig eine lebhafte Ideenbörse beschert, hat dazu geführt, dass wir uns gegenseitig aus den je eigenen Quellen versorgt haben und dadurch eine enorme Horizonterweiterung erfuhren. Alle hatten ihre besonderen Schätze im Bücherregal, die dann untereinander geteilt werden konnten. Dazu gehörte auch ein Text von Reinhold Schneider:

„Allein den Betern kann es noch gelingen,
das Schwert ob unsern Häuptern aufzuhalten.
Und diese Welt den richtenden Gewalten
durch ein geheiligt Leben abzuringen.

Denn Täter werden nie den Himmel zwingen:
Was sie vereinen, wird sich spalten,
was sie erneuern, über Nacht veralten.

Jetzt ist die Zeit,
da sich das Heil verbirgt

und Menschenhochmut auf dem Markte feiert.
Indes im Dom die Beter sich verhüllen,
bis Gott aus unseren Opfern Segen wirkt.

Und in den Tiefen,
die kein Aug entschleiert,
die trockenen Brunnen
sich mit Leben füllen.“

Beten am Tag nach dem 11. September

11. September 2001, New York, 8.45 Uhr Ortszeit (14.45 Uhr MEZ): Ein Flugzeug rast in den nördlichen Turm des World Trade Centers. Kurze Zeit später fliegt eine zweite Maschine auf den Südturm zu und in Washington stürzt eine weitere Passagiermaschine auf das Pentagon. Die Bilder gehen um die Welt. Niemand weiß um die Ursache, niemand kann zunächst sagen, wie viele Menschen in den Türmen und in den Flugzeugen sind. Dass es kein Unfall sein kann, sondern eher ein gezielter Terroranschlag, ist bald in aller Munde. Beide über 400 Meter hohen Türme stehen in Flammen. Kurz nach 16 Uhr MEZ stürzt der südliche Turm vor den Augen der Weltöffentlichkeit ein. 110 Stockwerke sacken zusammen. Eine halbe Stunde später bricht der nördliche Turm ein. Man hat zuvor Menschen in den oberen Stockwerken mit Tüchern winken sehen.

Um 18.30 Uhr MEZ teilt ein Polizeisprecher in New York mit, dass mit tausenden Toten gerechnet werden muss. Am

Ende werden es fast 3000 sein. Die ganze Welt hält den Atem an.

Auch in Landau herrscht blankes Entsetzen unter dem Menschen. Während ich zuhause vor dem Fernsehschirm stehe und zusammen mit der ganzen Familie den Blick nicht von den immer wieder gezeigten Flugzeugen wenden kann, klingelt das Telefon. Ein Schülersprecher eines der Landauer Gymnasien meldet sich und fragt, ob ich da nicht was machen kann, gleich morgen früh? Ich höre mich „Ja" sagen und „Natürlich müssen wir da was tun!" Ich verspreche, mich zu kümmern, rufe meinen katholischen Freund und Dekanskollegen Klaus Armbrust an. Wir vereinbaren einen Gottesdienst für den nächsten Morgen um 11/30 Uhr in der Stiftskirche. In der Nacht sitze ich am Schreibtisch und ringe nach Worten, die irgendwie passen. Ein Teil davon lautete so:

„Es ist wieder Krieg.
Gestern ist er gekommen.
An diesem Herbsttag,
grad als die Sonne wieder ein bisschen schien.
Wir hatten nicht damit gerechnet,
wir waren nicht darauf gefasst,
niemand war das,
wir hatten zu tun,
waren unterwegs,
jeder und jede,
irgendwo mit irgendwas.
Dann kam einer zum anderen
und hatte diesen seltsamen Blick,
diesen
‚Weißt Du schon?' Ausdruck
im stirnrunzelnden Gesicht.
Unglaublich.

New York.
Washington.
Pentagon.
Flugzeuge.
Entführung.
Mitten in beide Türme des höchsten Gebäudes.
Unfassbar!
Auf einmal saßen wir alle
vor dem Fernsehschirm,
sahen gebannt diese Aufnahmen
zum 15ten Mal jetzt schon,
hörten alle Politiker
die Betroffenheit und das Erschrecken konjugieren:
Ich bin betroffen.
Du bist betroffen.
Er, sie, es sind es.
Wir sind betroffen.
Ihr seid erschrocken.
Sie alle sind entsetzt.

Es ist wieder Krieg.
Gestern ist er gekommen,
oder war er vorher schon da?
War womöglich nie weg?
Immer latent irgendwo,
hat sich aufgerüstet und den Tod geplant,
hat den Hass geschürt
und die Menschenverachtung gepredigt?
Hat Vorurteile gestreut
und Missverstehen organisiert?
Hat sich erklärt und den Frieden totgeschwiegen?

Es ist wohl immer Krieg.
In irgendwelchen Köpfen tobt er sich permanent aus.
Nie ist er aus der Welt zu kriegen,
der Krieg.
Ist da,
wo man nicht genug kriegen kann –
an Macht und Ohnmacht,
an Hass und Gewalt.
Jetzt ist er mitten hinein getreten
in das Leben,
hat grausam zugeschlagen.
Wir sind jetzt da
und haben diesen trockenen Mund,
diesen leeren Kopf
und dieses schwere Herz.
Suchen einen Ort,
wo wir unterkommen können,
ein Dach über unserem wirren Kopf.
Sind deshalb hier und klagen und fragen:
Wenn Du da bist Gott,
was wir hoffen,
worum wir bitten,
dann sei es wirklich
und hilf uns herauszufinden,
wie man das macht,
wenn man nichts machen kann-
außer erschrocken zu erschrecken.

Oder ist es vielleicht mehr,
was wir tun können
gegen den Krieg,
um Gottes Willen?

„Da hilft nur noch beten!“,
sagen die Leute
und meinen:
Da ist nichts mehr zu machen,
alles zu spät,
alles umsonst.

Da hilft nur noch beten,
sagen wir Christen und meinen:
Das ist unsere Aufgabe,
unsere Pflicht,
unsere Reaktion.
Wir haben für unser Erschrecken
und für unsere Klage eine Adresse,
ein Gegenüber,
nämlich unseren so rätselhaft verborgenen Gott“.

Nach dem Hören und Verweilen bei leiser Orgelmusik haben wir gebetet:

„Du rätselhaft verborgener Gott.
Wir sind entsetzt über das,
was geschehen ist,
wie viel wir Menschen einander antun können.
Bewahre uns vor uns selber.
Wir bitten für die unzähligen Opfer des Terrors,
der gestern in New York und Washington geschehen
und rund um die Erde die Menschen erschüttert hat.
Wir bitten für die Angehörigen dieser Menschen,
für die zahllosen Verletzten und noch Vermissten.
Wir bitten für die Hilfskräfte,
für die erschöpften Ärzte, Schwestern und Pfleger,
für die Feuerwehrleute und Polizisten,
für die, die den Anblick des zerschmetterten Lebens

ein Leben lang nicht mehr vergessen werden.
Wir bitten für die Verantwortlichen in aller Welt,
die die Fäden der Macht in Händen halten,
die Verantwortung tragen
für Gerechtigkeit, Frieden und die Bewahrung der Schöpfung.
Wir bitten Dich für uns alle,
dass wir einander den Frieden erklären
und nicht den Krieg.
Das bitten wir
durch Christus, unseren Bruder und Friedensfreund,
der mit Dir und dem Heiligen Geiste
lebt und liebt –
Ewigkeiten
Amen"

Als danach die Vaterunser-Glocke zu läuten anfing, erhob sich das vollbesetzte Kirchenschiff und die Menschen reichten sich spontan die Hände, traten aus den Kirchenbänken, gingen aufeinander zu. Das weltumspannende Gebet trug unsere aufgescheuchten Seelen vor Gott und wir fürchteten uns sehr …

Beten mit Schülern

Nein, viele Skeptiker hielten das für keine gute Idee. Den Gedenktag an die Befreiung von Ausschwitz am 27. Januar 1995 ausgerechnet mit einem Schulgottesdienst zu begehen. Viele meinten, das sei das vorprogrammierte Chaos, mehrere hundert Teenager zusammen in der Kirche, das würde dem Ernst und der Würde dieses Tages womöglich nicht gerecht, aber die Schulleitungen der Gymnasien, der Haupt und Realschule in Landau entschieden sich anders und die Bedenkenträger ließen sich eines Besseren belehren.

Es wurde ein ungemein stiller, ja von großer Betroffenheit geprägter Gottesdienst, in dem die Namen sämtlicher jüdischen Mitbürger Landaus verlesen wurden, in dem ein Überlebender des Holocaust eine herzergreifende Rede zu den Jugendlichen hielt, in dem eine unglaubliche Atmosphäre des Respektes zu spüren war. Mehrere Klassen hatten alle Namen auf Steine geschrieben. Sie wurden nacheinander mit viel Bedacht und Sorgfalt im südlichen Seitenschiff zu einer Gedenkecke getragen.

Zu Beginn des Gottesdienstes habe ich mich mit folgenden Worten an die Schülerinnen und Schüler gewandt:

„Was machen so viele junge Leute
an einem Donnerstagmorgen
kurz nach 11 Uhr
in der Kirche hier?
Was bringt uns heute Morgen zusammen?
Jetzt komm mir bloß keiner und sag,
wegen der Geschichte
und weil es ein Datum zu feiern gibt,
50 Jahre und so fort und so weiter.
Stimmt ja alles,
ist ja wahr und gescheit,
aber was wir brauchen
ist nicht kalendarisch angeordnete Feierlichkeit,
was wir brauchen ist Betroffenheit, Erschrecken und Gänsehaut.
Wir werden heute Morgen nicht von unfassbaren Zahlenmonstern reden,

nicht von namenlosen Opfern,
unberührt,
weil viel zu weit weg,
wir werden die Leute beim Namen nennen.

Leute, die hier um die Ecke,
bei Dir in der Nachbarschaft,
im Stock oben drüber,
gleich da vorne,
nicht weit weg,
geboren wurden und zuhause waren,
die lachen und laufen gelernt haben
unter den Dächern dieser Stadt,
die ihr Zuhause hier hatten,
ihre Freunde,
ihre Wanderwege und Bolzplätze,
ihre Schulbänke und ihre Mathestunden,
ihren Liebeskummer
und ihren ersten Kuss,
hier.
Es waren Kinder,
Jungen und Mädchen,
Männer und Frauen,
Omas und Opas,
einzigartig und originell,
süß und sauer,
klug und klüger,
jung und älter,
hübsch und hübscher
und sie haben denselben Dialekt gesprochen
und denselben Wein getrunken,
mit demselben Geld bezahlt.
Nur dass sie eben Juden waren,
nicht arisch,

nur dass sie eben Romas und Sintis waren,
nicht arisch,
nur dass sie eben sterben mussten.
Weil das passiert ist
und weil das nie wieder passieren darf,
weil sie nicht vergessen sind
und weil wir sie nicht vergessen wollen,
darum sind jetzt so viele Leute
am Donnerstagmorgen kurz nach 11 Uhr
hierher in die Stiftskirche gekommen.
Ich grüße Euch! Seid willkommen.
In Gottes Namen fangen wir an."

Im Anschluss an den Gottesdienst gab es einen eindrucksvollen Schweigemarsch zum ehemaligen Standort der Jüdischen Synagoge in Landau mit Kranzniederlegung des Bürgermeisters und dem Kanon aus Israel: Schalom chaverim.

Beten als Herausforderung

Beten als Hausaufgabe

Der Haussegen soll nicht schief hängen – sagt der Volksmund und der weiß Bescheid. Wenn nämlich der Haussegen schief hängt, dann geht womöglich alles schief. Eines Tages kamen zwei Leute zu mir ins Pfarramt und hatten eine ganz besondere Haus-Aufgabe für mich mitgebracht. Sie hatten neu gebaut und wohnten erst seit wenigen Wochen im neuen Haus. „Irgendwas fehlt!" sagten sie. „Natürlich sind wir noch nicht mit allem fertig. Die Außenanlage, Carport, Terrasse, das muss alles noch gemacht werden. Nur drinnen sind wir eigentlich soweit mit allem ziemlich zufrieden, aber wir kommen nicht zur Ruhe, irgendwas spukt da rum. Da ist kein guter Geist drin. Irgendwas ist uns da unheimlich, Herr Pfarrer. Können Sie uns helfen?"

Eine solch ungewöhnliche Bestellung war bislang noch nicht bei mir eingegangen. Ich hatte schon ein Feuerwehrgerätehaus mit einem Gebet eingeweiht, sollte bei einem Brückenfest beten, war mit dem Pfälzer Waldverein auf einer Hütte und beim Standesamt mit ein bisschen Segen, aber böse Geister hatte ich noch nie vertrieben. Jedenfalls nicht bewusst. Trotzdem war mir klar, dass ich diese Menschen nicht enttäuschen durfte. Sie hatten immerhin den Mut, bei mir zu klingeln. Sie hatten Vertrauen und offenbar eine Ahnung davon, dass wir als Christen womöglich Zugang haben zu einem guten Geist. Dies ist nach dem Befund der Bibel nicht etwa ein Geist der Angst und der Verzagtheit, sondern ein Geist der Kraft, der Liebe und der Besonnenheit. Also habe ich versprochen, vorbei zu kommen. In der Zwischenzeit besorgte ich einen Haussegen. Ich kannte da einen Hobbymaler, der so etwas auf Bestellung wunderbar malen konnte. Bei ihm bestellte ich also ein Kreuz mit dem Spruch: „Gott segne dieses Haus und alle die gehen ein und aus."

Zum vereinbarten Termin nahm ich einen Hammer und zwei, drei Nägel mit – man weiß ja nie. Den Segen hatte ich unterm Arm, dazu noch wacklige Knie. Ich wurde erwartet und freundlich begrüßt.

Sie haben mir ihr schönes Haus gezeigt, das lockerte die Spannung. Am Ende standen wir wieder im Flur neben der Garderobe. Neugierig sahen sie auf das Ding unter meinem Arm. „Ich habe ihnen einen Haussegen mitgebracht!", habe ich gesagt, „der soll ihnen gut tun und sagen, wer der Herr in diesem Hause ist. Gott will nämlich bei uns wohnen. Da haben dann böse Geister keinen Platz mehr!" Ich zeigte das Kunstwerk, las den Spruch nochmals vor, ehe ich um eine Leiter bat, fragte ob der Platz über der Eingangstür so recht ist, stieg hoch, schlug den Nagel in die Wand, was tatsächlich beim ersten Versuch schon klappte und hängte den Segen dran. Dann stieg ich herunter und schlug vor, jetzt noch zusammen das Vaterunser zu beten. Danach haben wir noch kurz miteinander angestoßen. Sie hatten tatsächlich eine Flasche Secco kaltgelegt. Beim Abschied an der Tür haben sie zu mir gesagt: „Der hängt sogar grade, der Segen!" „Amen!" habe ich geantwortet. So soll es sein und bin gegangen. Ein gutes Gefühl ist das, wenn man seine Hausaufgaben gemacht hat …

Beten im Krematorium

Gute Worte zur Einweihung des neuen Krematoriums waren erwünscht. Zusammen mit meinem katholischen Kollegen sollte ich diesen besonderen Kasus begleiten. Nun habe ich im Laufe meines Dienstes wirklich und wahrhaftig an so manchen Hecken und Zäunen gestanden und gebetet an neuen Brücken, alten renovierten Türmen, frisch gestrichenen Feuerwehrgerätehäusern, zu Jubiläen und Pfälzer Waldhütten, Wandervereinstagen, an neu errichteten Versicherungsgebäuden und gründlich sanierten Friedhofskapellen.

Überall, wo Menschen spüren und erahnen, dass es gerade um mehr geht, als um das, was direkt vor Augen ist, wo sie sensibel und wach den Mehrwert der Dinge aufspüren und sich wünschen, dass etwas hinzukommen möchte, was über das know how der Architektur und der Statik hinausgeht, kommt der Wunsch nach Begleitung und spiritueller Dimension auf – immer noch. Das ist ein Rest längst vergangener Volkskirchenkultur, der sich länger hält, als das Volk selbst seine herzinnige Verbindung zu den Kirchen zu pflegen scheint.

Diese missionalen Gelegenheiten sollten wir niemals verteufeln oder gar gering achten, denn der Ruf nach Gebet und Segen ist eine einmalige Chance, Gott ins Spiel zu bringen und an das große Ganze zu erinnern, das nur Er in seiner Hand hat. Das neue Krematorium stellte nun allerdings eine neue Herausforderung dar. Nachdem alle wichtigen Leute ein Grußwort gesprochen hatten, die Vertreter der Beerdigungsinstitute, die Repräsentanten der Stadt, die Architekten und Fachingenieure sich geäußert hatten über den neusten Stand der Technik in Sachen Emissionswerte, Umweltbelastung, Computersteuerung und Tagesfrequenzen, sollten die Geistlichen zu Wort kommen. Das Ambiente war indessen wirklich surreal und gespenstisch dazu.

Wir standen, wie beim Neujahrsempfang, in einem absolut clean gehaltenen, lichtdurchfluteten Empfangsraum. Freundliches Servicepersonal ging umher und bot reichlich Sekt und Häppchen an. Die Fluchtgedanken standen den meisten Leuten ins Gesicht geschrieben. Manche probierten den Ausstieg aus dem vermeintlich falschen Film mit Sarkasmus und peinlich anmutenden humoristischen Fehlversuchen. Alle wussten, dass es noch lange nicht geschafft war, weil unmittelbar im Anschluss an unsere Gebetseinheit eine Führung durch die Anlage folgen sollte. Da wusste niemand so genau, was uns erwartet. Genau in diese atemberaubende Situation sprachen wir so:

Liebe Anwesende!
Was ist das für ein Ort, an dem wir stehen?
Was ist das für ein Haus, in dem wir hier sind?
Ist es der Ort des Schreckens,
der letzte, der allerletzte?
Die Endstation?
Wie können wir mit diesem Ort leben,
hier einziehen, es aushalten?
Nicht bloß mit kaltem Schauer und schlechtem Gefühl?
Die Bedeutung dieses Hauses,
seine Atmosphäre und sein Stellenwert,
hängt einzig und allein von der Frage ab,
ob wir noch eine Hoffnung haben,
über den Tod hinaus.
Ist der Tod das Ende,
ist das Leben eine Sackgasse,
ist die Asche das Ziel?
Ja dann sind wir hier am Ort der bittersten Wahrheit,
am Ort endgültiger Leere.

Dann ist dieses neue Krematorium ein weiteres Mahnmal des Todes,
der das letzte Wort hat.
Dann hätten wir hier nichts mehr zu sagen.
Ist aber der Tod ein Übergang
und unser Sterben ein Umzug,
ein Wechsel in eine andere Wohnung
unter dem großen, unglaublichen Dach der Liebe Gottes,
dann ist das Leben hier nicht zu verbrennen,
dann ist die Asche das, was wir zurück lassen,
um zum Schöpfer des Lebens,
der uns allen das Leben gegeben hat,
zurückzukehren.
So wie Jesus Christus vor uns es getan hat,
unser auferstandener Bruder und Freund.
Nur wegen ihm sind wir hier in diesem Augenblick,
nicht nur erschüttert und maßlos hilflos,
nicht nur stumm und gelähmt.

Wir leihen uns Worte der Hoffnung aus
und sprechen sie hinein
in dieses wirklich gespenstisch perfekte Ambiente
der technisch perfekten Entsorgung des Todes.
Weil wir keine eigenen Worte haben,
die wirklich tragen und halten
und über unseren begrenzten Horizont hinaus reichen,
lesen wir Worte der BIBEL.
Sie hat Vokabeln des Widerspruchs
gegen die vermeintliche Allmacht des Todes.

Wir lesen aus Römer 8 und dem 1. und 2. Korintherbrief:

„Was wollen wir nun hierzu sagen?
Ist Gott für uns, wer kann wider uns sein?

Der auch seinen eigenen Sohn nicht verschont hat,
sondern hat ihn für uns alle dahin gegeben-
wie sollte er uns mit ihm nicht alles schenken?
Wer will uns scheiden von der Liebe Christi?
Trübsal oder Angst
oder Verfolgung oder Hunger
oder Blöße oder Gefahr oder Schwert?
In allem überwinden wir weit durch den,
der uns geliebt hat.
Denn ich bin gewiss,
dass weder Tod noch Leben,
weder Engel noch Mächte noch Gewalten,
weder Gegenwärtiges noch Zukünftiges,
weder Hohes noch Tiefes
noch irgendeine andere Kreatur uns scheiden kann
von der Liebe Gottes,
die in Christus Jesus ist,
unserem Herrn."

„Wenn aber Christus gepredigt wird,
dass er von den Toten auferweckt ist,
wie sagen dann einige unter euch:
Es gibt keine Auferstehung der Toten?
Gibt es keine Auferstehung von den Toten,
so ist auch Christus nicht auferweckt worden,
so ist unsere Predigt vergeblich,
so ist auch euer Glaube umsonst...
Denn wenn die Toten nicht auferstehen,
so ist Christus auch nicht auferstanden.
Ist Christus aber nicht auferstanden,
so ist euer Glaube nichtig,
so seid ihr noch in euren Sünden...
Hoffen wir allein in diesem Leben auf Christus,
so sind wir die elendesten unter allen Menschen.

Nun aber ist Christus auferstanden von den Toten
als Erstling unter denen, die entschlafen sind."

„Denn wir wissen:
Wenn unser irdisches Haus,
diese Hütte,
abgebrochen wird,
so haben wir einen Bau,
von Gott erbaut,
ein Haus,
nicht mit Händen gemacht,
das ewig ist im Himmel."

Mit dem anschließend gemeinsamen gesprochenen Vaterunser gelang es weitgehend, die Leute wieder zu beleben.Sie konnten endlich weiteratmen und kamen danach auf uns zu, um uns die Hände zu schütteln, wie an einem offenen Grab, an dem wir noch lange stehen blieben.

Beten im Fritz-Walter-Stadion

Im Juni 2002 ist der Weltmeister und ewige FCK-Held Fritz Walter gestorben. Nach seiner Beisetzung im kleineren Kreis gab es eine Trauer- und Abschiedsfeier in dem nach ihm benannten Stadion auf dem Betzenberg in Kaiserslautern. Mehr als 10 000 Leute jeden Alters schritten schweigsam und nachdenklich den heiligen Berg hinauf. Ich mischte mich unter die meist dunkel gekleideten Fußballfans und spürte schon auf dem Weg hoch ins Stadion, wie anders, wie komplett ungewohnt diese Prozession sich unterschied von dem sonstigen Besteigen des heiligen Berges vor einem Heimspiel der Betzebuben. Im Stadion war es mucksmäuschenstill.

Alle Werbeflächen im großen Rund waren sorgsam mit schwarzen Tüchern abgedeckt. Der Anstoßkreis des Platzes präsentierte eindrucksvoll eine sehr bewusst gestaltete Mitte mit Blumen, drei Bildern von Fritz Walter (im FCK Dress, als Kapitän der Weltmeisterelf von 1954 und aus seinen alten Tagen), einem Rednerpult und im Halbkreis dahinter das Musikcorps der Polizei Rheinland Pfalz. Die Musik spielte um 11 Uhr nicht das obligatorische Betzelied (Der FCK ist wieder da ...) oder „you never walk alone“, sondern Johann Sebastian Bach.

Dann eröffnete der Pfarrerkollege, der den Verstorbenen auch in Alsenborn beerdigt hatte mit Worten, die er zur Eröffnung eines Gottesdienstes zu sprechen gewohnt war und dem dezenten Hinweis, dass Fritz Walter alles andere als ein Fußballgott hätte genannt werden wollen, weil es nur einen Gott für ihn gab und an den hätte er zeitlebens geglaubt.

Es folgten Nachrufe verschiedener Prominenz bis hin zum Bundesinnenminister. Kurt Beck, der damals amtierende Ministerpräsident, sprach spürbar berührt über den vertrauten väterlichen Freund und sagte am Ende, dass er in Gottes Frieden ruhen möge. Danach trat eine Sängerin vom Nationaltheater Mannheim ans Mikrofon und sang das alte Kirchenlied von 1875 „Näher mein Gott zu dir“. Es war eine Gänsehautatmosphäre.

Als Dauerkartenbesitzer hatte ich seit Jahr und Tag schon viele herzzerreißende Momente in diesem Stadion erlebt. Aber das, was sich an diesem Sonntagmorgen da abspielte, war damit nicht zu vergleichen. Der Mann neben mir hatte seinen Blumenstrauß schon vollkommen zerdrückt vor Aufregung und wischte sich andauernd die Tränen aus dem Gesicht. Schließlich war alles gesagt und getan. Alle spürten, dass die Feier zum Ende gekommen war. Die Frage war nur, wie hören wir jetzt würdig und recht damit auf? Wie kommen wir hier wieder heil raus? Ein Abpfiff eines Schiedsrichters konnte es nicht sein.

Da kam noch einmal der Pfarrer vom Anfang und sagte, es könne wohl jetzt nicht falsch sein, wenn wir am Ende dieser feierlichen Abschiedsstunde noch zusammen das Vaterunser beteten. Und da standen die 10000 Leute auf, falteten die Hände und beteten miteinander. Es hat ein bisschen gedauert, bis wir einen gemeinsamen Rhythmus gefunden hatten, aber auf einmal ging dieses Gebet wie eine La-Ola-Welle sachte durchs Stadionrund. Ich habe schon viele Gesänge und Rufe und Krakele in diesem Stadion gehört und ertragen, aber das Vaterunser dort, wo angeblich die roten Teufel alleine regieren, das war etwas einmalig Neues.

Seitdem weiß ich, dass dieses Gebet eine Kraft hat, eine Ausstrahlung, eine anrührende und gemeinschaftsstiftende Dynamik, die einmalig ist. Obwohl wir ja auf dem Betzenberg wirklich zu beten gewohnt sind, bei den nicht enden wollenden Passionsspielen der letzten Jahren sogar mehr, als einem lieb sein kann, trotzdem war dieses Vaterunser ganz unvergleichlich groß und wunderbar. Es ist eben nicht nur geeignet für das stille Kämmerlein, sondern sogar stadiontauglich.

Beten im Zug
(mit den Perlen des Glaubens)

Ich sitze im ICE nach Hannover. Die EKD-Zentrale ruft. Es ist Amtsleiterkonferenz der missionarischen Dienste. Im Abteil mir gegenüber ein junges Paar. Ziemlich verliebt, wie es scheint, aber ansonsten total ungefährlich. Sie strahlen sich und mich an. Irgendwann sagt sie: „Was haben Sie denn da am Arm. Das sieht ja interessant aus. Woher haben Sie das?" Ich werd ein bisschen rot und verlegen, reiß mich aber schnell zusammen und sage: „Das sind meine Perlen des Glaubens. Die hab ich von einer kirchlichen Tagung mitgebracht. Schöner Schmuck – oder?" Die Beiden sind neugierig geworden, tatsächlich und sie wollen wissen, was es mit meiner Perlenkette auf sich hat. Ich fange an, sie zu erklären. Weil die beiden auch bis nach Hannover fahren, haben wir genug Zeit. Ich ziehe das Band vom Arm, nehme es in die Hände und beginne zu erklären. Etwa so: „Der Schwedische Bischof der Evangelisch-Lutherischen Kirche, Martin Lönnebo, hat sich das ausgedacht. Perlen sind ja etwas ganz Wertvolles. Sie entwickeln sich nur langsam aus einem Sandkorn, sie sind selten und schön. Das kann der Glaube an Gott vielleicht auch sein, meint er. Alles beginnt und endet mit der Goldenen Perle hier in der Mitte oben. Sie heißt: Gottesperle, weil Gott das Wertvollste ist. Von ihm kommen wir her und zu ihm kehren wir zurück. Darum ist er uns gold-wert. Rechts und links neben der goldenen Gottesperle gibt es zwei längliche, erdfarbene Perlen. Sie heißen Perlen der Stille. Auf dem ganzen Rund gibt es sechs von ihnen. Sie sollen kurze Unterbrechungen sein und sagen: Wer auf der Suche nach Gott ist, muss still sein. Dann bekommt man eine ganz kleine weiße Perle zu fassen. Die Ich-Perle will sagen: Der große

Gott und das kleine Ich, wir sind gar nicht so weit auseinander.

Gott und mich trennt nur eine kleine Stille. Gott wohnt in Rufweite, ist direkt in meiner Nähe. Weil jedes kleine Ich auf dieser Welt mindestens eine große Frage mit sich herumschleppt, gibt die nächste Perle darauf eine Antwort. Ich frage: Wer bin ich denn? Bin ich gewollt? Hat mich jemand lieb? Da kommt die große weiße Taufperle und sagt: Ja, Du bist Wer! Du bist wunderbar! Gott ruft Dich bei Deinem Namen. Aber auch wer sich an Gott hält, muss trotzdem manchmal durch die Wüste, darum hier die Wüstenperle. Christsein, das ist kein Abonnement auf Glück. Auch wer an Gott glaubt, erlebt Durststrecken. Aber wo eine Wüste ist, da ist auch ein Weg. Weil das so ist, verändern uns Durststrecken ja auch. Wir kommen da anders raus, als wir hineingeraten sind. Im besten Fall mit viel mehr Gelassenheit. Darum ist die nächste große Perle, die blaue – und heißt Perle der Gelassenheit. Gelassen sein heißt ja nicht: Ist mir doch egal. Gelassenheit hat viel mit Vertrauen zu tun, sich fallen lassen. Es folgen zwei rote Perlen …"

Ich wage es und frage die Beiden, wie sie wohl heißen könnten. Tatsächlich wissen beide das. Wer, wenn nicht sie? „Das sind bestimmt die Perlen der Liebe!", wie aus einem Mund kommt das. Wir müssen lachen. „Rot ist die Liebe!" schiebt er nach. „Aber warum zwei?" frage ich. „Das sieht man doch an uns!" sagt sie spontan. „Genau!" sage ich. „Sie sind ja die Experten!" fahre ich weiter fort und rede davon, dass es die Liebe ja nur im Doppelpack gibt, sie immer auf ein Echo angewiesen ist und darum manchmal Kummer macht. An der Stelle rede ich nach meiner Erinnerung etwas zu viel von Liebe als die „Nimm Zwei Lösung" und „Doppelpunkt" und dass sie nicht einfach ist, nicht einerlei, sondern immer zweierlei, einmal Gottesliebe, einmal Menschenliebe, Du und ich, Eltern und Kinder und hin und her. Fast hätte ich die Beiden ausgerechnet jetzt verloren oder überfüttert, wenn mir nicht der Satz eingefallen wäre: „Sie wissen ja, dass das Wort Lebensgefährte von Lebensgefahr kommt?!" Da hab ich sie wieder zurück gewonnen. Sie lachen herzhaft, und ich fahre fort mit der Aufmerksamkeit ganz auf den Perlen-Rettungsring gerichtet und zeige die drei Geheimnisperlen, die jetzt kommen. Weil eben nicht alles gut geht, nicht alles nur schön und vollkommen ist, sondern auch Rätsel aufgibt – ungelöste Fragen bleiben. Darum haben wir alle mindestens drei Geheimnisse im Gepäck. Ich merke, dass ich jetzt schnell zum Ende kommen muss.

Wir sind kurz vor Hannover. Ich zeige die schwarze Perle und sage, dass sie für das Dunkle im Leben steht, für das Leid und den ganzen Kummer, auch für den Tod. Sie schauen auf die Perle der NACHT und nicken. Ich zeige die letzte weiße Perle und sage. „Es kommt noch was zum Schluss!" Rede jetzt vom Morgen nach jeder Nacht und dass die Perle des Lichts die Perle der Auferstehung heißt.

Ob sie noch zugehört haben als ich zur Osterpredigt ausgeholt habe, weiß ich nicht mehr. Höre mich noch sagen, dass Gottes Wege mit uns nicht im Dunklen enden und dass Gott uns mit Licht am Ende des Tunnels erwartet. Natürlich habe ich auch den Herrn Jesus noch reingebracht und seine Auferstehung, aber da stehen die Beiden schon auf, während wir in den Bahnhof einfahren.

Ich zieh noch schnell das Armband aus, reiche es ihnen und bedanke mich für die schöne Begegnung. Sie zieht die Perlen schnell über den Arm und lächelt. „Steht Dir!" sagt er und tschüss!

Perlengebet

Guter Gott.
Du gibst mir das Leben.
Weil Du es gewollt hast,
bin ich,
bin ich hier,
bin ich heute.
Ganz nah neben Dir
geh ich meinen Weg.
Ganz und gar aufgehoben
unter dem Dach Deiner Liebe.
Ich bin hineingetauft
in Deine Familie der Kinder Gottes.

Wüstenwege habe ich hinter mir,
Durststrecken und Umwege.
Aber Du hast mich immer wieder herausgeführt
und neu auf die Beine gestellt.
Gelassener bin ich geworden
unterwegs
mit Dir.
Liebe habe ich erfahren,
Liebe habe ich gegeben,
Liebeskummer habe ich gehabt,
meine liebe Not auch,
Du weißt es.
Rätselhaftes habe ich gesammelt,
auch Ungeklärtes.
Geheimnisvolles Lebenspuzzle,
das nur Du zu einem Bild
zusammensetzen kannst.

Und vor mir habe ich noch so viel.
Du kennst meinen Weg
vor und nach dem Tod.
Nimm mir die Angst,
hilf mir abschiedlich sein.
Der Tod wird kommen
irgendwann.
Hilf mir
sterblich zu werden,
damit ich vertrauen kann,
dass da ein Tor ist,
ein Ausweg,
ein Ziel
durchs Dunkel hindurch
ins Licht.
Heimleuchte mir
bis in den Himmel hoch
in Dein Haus
aus Licht.

Das walte Gott –
in Jesu Namen.

Amen

Beten als Rebell

Beten ist nicht nur Bitte und Dank, nicht nur Anbetung und Lobpreis. Beten ist auch Klage und Protest, Widerspruch und Empörung, Wut und Rebellion. In den Psalmen der Bibel gibt es weit mehr Klage als Lob und Dank. Es ist ein wesentlicher und wertvoller Teil der Gottesbeziehung, dass wir mit Ihm streiten dürfen.

Seit Jesus selbst im Garten Gethsemane mit ihm gerungen hat und auf den Unterschied zwischen seinem Willen und dem Willen des Vaters bis zum Ende bestand. Seit seinem Schrei der Gottverlassenheit am Kreuz ist es eine von ihm geadelte Brücke zu Gott, das Ringen und Widerstehen. Das hält Gott gut aus, ist für ihn kein Problem. Er kann das ertragen. Das braucht er auch. Weil es ehrlich ist. Es gibt sogar Phasen, da reden wir gar nicht mehr mit ihm. Unser Gebet ist stumm, vorwurfsvoll, ablehnend. Wir dürfen auch in den Gebetsstreik treten. Es ist nicht gottlos, mit dem Beten aufzuhören.

In meiner Begleitung von Trauernden habe ich unzählige Male Menschen getroffen, denen es die Gebetssprache verschlagen hatte, die mit ihrem Gott über Kreuz waren. Ich habe sie immer ermutigt, das ausführlich und mit aller Kraft und Hingabe auszuleben und zuzulassen, weil die Rede vom lieben Gott verhängnisvoll falsch ist. Ein Irrtum. Der liebe Gott ist nicht nur lieb. Wer das behauptet, verbreitet das jüngste Gerücht. Der liebe Gott ist nicht nur lieb. Er ist auch anders, ganz anders, erschreckend anders, unbegreiflich anders, rätselhaft verborgen anders, zum Verzweifeln anders. Ja, er ist manchmal sogar so wenig lieb nur, dass wir ihn gar nicht mehr gut finden, wo wir ihn suchen in unserem lieben Leben, das manchmal so leidvoll ist. Der liebe Gott hat schon lange aufgehört, nur lieb zu sein. Ja, er hat damit erst gar nicht angefangen, von Anfang an nicht. Er ist nämlich gar nie nur lieb gewesen, harmlos schon gar nicht. Darum sind Furcht und Zittern angesagt, wenn der Schöpfer näher kommt. Es ist erlaubt, ja unvermeidlich, ihn mitunter überhaupt nicht zu verstehen, weil er in seiner Allmacht alles anders macht.

Beten geht nicht ohne Rebellion, weil Gott nicht nur jeden Morgen die Sonne aufgehen lässt, sondern auch zulässt, dass sie jeden Abend untergeht und mit ihr die ganze Welt. Der Weltuntergang findet jeden Tag statt. Überall wo weltweit Hunger und Elend am Leben hindern. Überall dort, wo jemand sich verliert oder verloren geht. Jedes Sterben, jeder Abschied, jede Trennung bedeutet ein Stück vom Untergang. In jedem Augenblick werden Welten begraben, bebt die Erde bei denen, die den Boden unter ihren Füßen verlieren. Es gibt so viel wehen Mut und so viele wunde Seelen. Manchem macht seine Liebe Kummer. Viele sind ihre Hoffnung los. All das passiert in diesem lebensgefährlichen Leben jeden Tag und jede Nacht, nicht nur wegen Corona.

Und dann natürlich die ständige Inszenierung des ganz großen Untergangs. Nie hatten wir so viel Hunger und Ungerechtigkeit. Unfrieden lokal, global, überall. Das alles, diese ganze Welt, dürfen, sollen, müssen wir ins Gebet nehmen.

Als Trotzköpfe des Glaubens sehen wir trotzdem jeden Morgen die Sonne aufgehen, sehen alle Untergänge von großen und kleinen Welten, alle begrabenen Hoffnungen und alle abgestorbenen Träume, alle verlorene Liebe und alles vergebliche Sehnen immer noch als einen Teil unserer gottvollen Bewährungszeit im Hier und Heute.

Hier ein paar Ermutigungen zum Beten in Rebellion:

„Mein Gott,
ich liebe dich nicht.
Ich will es nicht einmal.
Ich bin deiner überdrüssig.
Vielleicht glaube ich überhaupt nicht an dich,
aber sieh auf mich im Vorübergehen.
Wenn du Lust hast,
dass ich an dich glaube,
dann gib mir den Glauben.
Wenn du Wert darauf legst,
dass ich dich liebe,
dann gib mir die Liebe.
Ich habe von all dem nichts
und ich kann nichts dazu tun.
Ich gebe dir, was ich habe:
Mein Schwäche,
meinen Schmerz,
und diese Zärtlichkeit,
die mich peinigt
und die du wohl siehst.
Das Elend meines Zustands,
das ist alles.
Und meine Hoffnung. (Marie Noel)

„Jeder Tag ist grau, Gott,
am Morgen will ich nicht aufstehen,
alles ist mir gleichgültig,
Lust und Freude sind mir fremd geworden.
Jeder Tag ist eine Anstrengung,
Gott, mit Mühe verberge ich meine Tränen,
alles fällt mir schwer,
was soll ich noch in diesem Leben?

Jeder Tag ist von dir, Gott,
du legst ihn mir vor die Füße,
du willst, das ich gehe.
Hilf mir,
Schritt für Schritt." (Ulrike Wagner-Rau)

„bei trost hätt ich frieden
bei trost hätt ichs gut
doch trost ist verreist:
anstatt bei ihm
bin ich wieder
bei mir." (Kurt Marti)

„Ich weiß nicht mehr, wer du bist, Gott,
aber ich will zu dir reden.
Ich will dich hören
und dich suchen.
Herr hilf mir.
Rette mich aus meiner Stummheit.
Befreie mich aus meiner Einsamkeit,
wenn ich dein Kind bin,
wenn du mich meinst,
wenn ich was gelte bei dir.
Ich weiß nicht,
wohin dein Wille mich führen will.
Aber ich will ihm zustimmen.
Ich will wollen wie du,
so habe ich dich nicht verloren …
Vielleicht willst du,
dass ich in der Angst bleibe,
in der Ferne von dir.
Dann soll es so gut sein.
Dann will ich es auch.
Dann aber bin ich nahe bei dir.

Dann bin ich mitten
in der Hölle
nahe deinem Erbarmen." (Jörg Zink)

„Gott,
kennst du mich nicht mehr?
Wie lange noch werde ich vergeblich nach dir fragen?
Wie lange noch werden mich Sorgen und Ängste so quälen,
dass sie mich Tag und Nacht nicht mehr loslassen?
Gott sieh mich endlich an,
höre mir zu,
wenn ich zu dir rufe!
Schenke mir Kraft und Mut,
damit meine Augen ihren Glanz wiedergewinnen,
mein Leben mir nicht egal wird." (Susanne Kahl-Passoth)

Meine Wut ist groß, Gott
und heftig der Wunsch,
die zu zerstören,
die mich peinigen.
Alles hat sich gegen mich verschworen.
Sieh mich an.
Die Liebe ist mir abhandengekommen.
Mein Hass bringt mich zum Zerspringen.
Sei mir Grenze, Gott,
halte du mir stand.
Umfange mich,
denn ich bin mit mir selbst zerfallen.
Zeig mir dein Angesicht.
Lass mich in dir Halt und Ruhe finden. (Ulrike Wagner-Rau)

Ich bitte dich Gott,
um die Kraft des Zorns,
um den Mut zur Auseinandersetzung,
um den aufrechten, ehrlichen Weg.
Treibe das falsche Lachen aus meinem Gesicht,
die furchtsame Sanftmut aus meinen Worten,
die Angst vor dem Streit aus meinem Herzen.
Zerreiße das Netz der Zaghaftigkeit.
Mach mich frei zu sein,
der/die ich bin. (Ulrike Wagner-Rau)

Zwiegespräch mit dem rätselhaften Gott

Unter deinem Dach der Hoffnung suche ich Unterschlupf
für den elendig langen Moment
der zu Tode erschrockenen Seelennot.
An der Grenze des Erträglichen
überspringe ich meinen zittrigen Zagegeist
und stürze mich
aus dem Verderben
in deine unglaublich
ferne Nähe.
Ausweglos
und himmelangst
bin ich auf mich geworfen
ins leidvolle Selbst.
Und doch
scheint mir
aus dem Hinterhof meiner Hoffnung
ein Schimmer
deines wärmenden Zutrauns
herein.
In Gewahrsam genommen
von dir

und deiner Rätselhaft,
fasse ich Fuß
auf unwegsamem Gelände der Angst
fortwährend zweifelsvoller Liebesmüh.
Komm mir nicht näher
und bleib nicht so fern
und nimm mich
zwischen deine unerträglichen Hände
nur so fest,
dass ich
noch stehen kann
zu mir.

Beten
im Alltag

Beten im Auto

18 Jahre meines aktiven kirchlichen Dienstes bin ich ein Wanderprediger gewesen. Unsere Evangelische Kirche der Pfalz ist zwar nicht wirklich groß, aber zwischen der Ebernburg und Wörth am Rhein liegt doch ein ganzes Stück Weg. In all den Jahren als Volksmissionar und Leiter des MÖD in Landau bin ich einige Kilometer mit dem Auto unterwegs gewesen, meistens am Abend und ganz spät in der Nacht, denn meine Vorträge, Fortbildungen, Bibelwochen und Lesungen sind ja meist am Abend gewesen. Wenn man zum Beispiel am Ende einer Presbyteriumssitzung in St. Julian um 22.30 Uhr aus dem Gemeindehaus geht, um zurück nach Landau zu fahren, hat man noch gut eineinhalb bis zwei Stunden vor sich. Viel Zeit also, die irgendwie sinnvoll gefüllt werden muss.

Natürlich kann das Radio oder ein Hörbuch helfen und Dank der Freisprechanlage habe ich immer auch viel telefoniert unterwegs, aber überrascht hat mich, wie gut es sich beim Autofahren beten lässt. Nicht unbedingt wegen meines Fahrstils oder den vielen Zeitgenossen, die ihre Inhaberschaft eines Führerscheins mit der eines Jagdscheins verwechseln. Nein, ich meine das ganz normale Plaudern mit Gott. Mehr und mehr habe ich deshalb meine An- und Abreisezeiten im Auto zum Beten genutzt. Nach manchen Veranstaltungen gab es ganz viel Grund zum Danken. Nach anderen noch mehr zum Bitten. Je nachdem, worum gerungen und gestritten wurde, welche Themen uns beschäftigt hatten und welche Menschen sich mir entgegen oder an die Seite gestellt hatten. Aufarbeiten im Gespräch mit Gott hat sich mir als beste Psychohygiene erwiesen. Ich konnte reflektieren und evaluieren und fühlte mich dabei nicht so allein. Irgendwie hat mir der Gedanke geholfen, dass ich das vermeintlich Gelungene genauso abgeben und anvertrauen konnte, wie das vermeintliche Scheitern. Oft hatte ich bis ich zuhause in die Garage fuhr meinen Frieden mit allem gemacht, Dank der Konferenz mit Gott.

Eines Tages habe ich das auch als hilfreiche Methode im Stau oder bei nervigen Umleitungen entdeckt. Immer öfter und immer stressiger habe ich von Jahr zu Jahr die ständig steigende Zahl der Baustellen als Belästigung der besonderen Art wahrgenommen. Wenn man auf dem Weg zu einem unbekannten Ziel ist und unbedingt pünktlich sein muss, dann können solche Schikanen ganz schön viel Kraft und Nerven kosten. Da bewährte sich, ein ums andere Mal, die Verbindung zur himmlischen Navigation.

Wenn ich mich schon verfahre und dann zu spät komme, dann wenigstens mit Gott. Mich betend zu verirren, hat sich irgendwie erträglicher angefühlt und mein schlechtes Gewissen beim zeitlich nach hinten verschobenen Beginn eines Abends etwas erleichtert. So ist mir Gott als Beifahrer immer mehr ans Herz gewachsen. Überlebensstrategisch bin ich mit ihm einfach am Besten gefahren. Manchmal, wenn ich wegen Übermüdung, ausgerechnet auf den letzten fünf Kilometern zwischen der Raststätte Pfälzer Weinstraße und der Abfahrt Landau Nord, in den Sekundenschlaf gefallen bin, hat er mir ins Lenkrad gegriffen und mich davor bewahrt, vom rechten Weg abzukommen. Diese Fahrgemeinschaft kann so sinnvoll sein.

Beten im Kloster

Wenn man die Internetpräsentation der Communität Casteller Ring auf der Startseite öffnet, wird man so begrüßt: *„Liebe Gäste! Wir sind eine geistliche Frauengemeinschaft, die nach der Regel des Heiligen Benedikt lebt. Gegründet in der Evangelisch-Lutherischen Kirche sind wir in der Ökumene vernetzt. Wir leben und arbeiten auf dem Schwanberg. Mittelpunkt unseres gemeinsamen Lebens ist die St. Michaelskirche. Sie prägt seit 1987 das Bild des Schwanbergs. In ihr beten wir zusammen mit den Gästen aus den Tagungshäusern vier Mal am Tag das Stundengebet und feiern drei Mal in der Woche Abendmahlsgottesdienst. Hier erleben wir in besonderer Weise Gemeinschaft mit Gott und untereinander. Wir laden Sie ein zum Verweilen und Hören. In Stundengebet und Gottesdienst wird die Botschaft der Bibel erzählt und gefeiert."*

Im Frühjahr 2015 war ich dort zu Gast, wollte in der Stille nur Beten und schweigen. Kleines Zimmer mit Tisch, Stuhl, Bett und Schrank. Nichts, was ablenkt. Kein Handy, kein Laptop, kein Radio, kein Fernseher, nur ein Fenster. Alle haben mir geraten, dort einmal eine Auszeit zu machen und endlich neue Kräfte zu sammeln, aber niemand hat mich vor Risiken und Nebenwirkungen gewarnt, denn kaum war ich raus aus dem Trubel des Alltags und raufgefahren auf den Berg, angemeldet, eingezogen und allein, da stellte sich nicht etwa eine erholsame Stille und Beruhigung ein, ganz im Gegenteil. Es überflutete mich eine solche Unruhe mit einer Wucht, die allemal schwerer zu ertragen war, als das vertraute Dilemma im Stress meines Dienstes. Allein mit mir im Zimmer zu sein, keine Termine zu haben, keine Kommunikation und keine vertraute Forderung, fand ich mich nackt und bloß, einsam und alleine wieder. Nichts war mit frisch, fromm, fröhlich, frei. Ein einziges Bedrängen aller bösen

Mächte, die ich mir sonst vom Leib zu halten wusste, umlagerte mich. Eine ohrenbetäubende Beschallung von Innen verhinderte jede Seelenruhe. Wie zum Abschuss freigegeben fühlte ich mich unbehaust und fremd. Heimweh und Vermissen mischten sich mit ängstlichem Fragen und Unzufriedenheit. Einzig die vier Gebetszeiten in der St. Michaelskirche waren meine Rettung. Ich sehnte sie herbei, wartete auf die Glocken, wann ich endlich gehen und mich einfinden konnte unter dem Dach der Gemeinschaft. 6.30 Uhr Morgengebet, 12 Uhr Mittagsgebet, 18 Uhr Abendgebet, 20 Uhr Nachtgebet.

Nie zuvor habe ich eine Liturgie so als Geländer, den Gesang so als Trost empfunden. Obwohl mir alles fremd war und ich dabei wie ein Fremdling ziemlich verloren da saß, völlig ungeübt einfach am stellvertretenden Anbeten der Schwestern partizipierte, fühlte ich mich dennoch irgendwie beschützt.

Die ersten Tage allein im Zimmer empfand ich wie eine Wüstenwanderung, nur deshalb auszuhalten, weil es die Oasen des Stundengebetes gab, die mich zuverlässig und absehbar in Gewahrsam nahmen und stärkten. Nur ganz allmählich zog bei mir der Friede ein. Ich machte lange Spaziergänge, fing an zu lesen, zu schreiben und zu beten,
fand schließlich Anschluss an eine kleine Gästegruppe, die sich in das Geheimnis des Herzensgebets einführen ließ. Dabei stieß ich auf ein Zitat von Johannes vom Kreuz, das mich seither begleitet:

„Du brauchst Gott weder hier noch dort zu suchen;
Er ist nicht ferner als vor der Tür des Herzens.
Da steht er und harrt und wartet,
wen er bereit finde,
der ihm auftue und ihn einlasse.
Du brauchst ihn nicht von weit her
herbeizurufen.

Er kann es nicht weniger erwarten als du,
dass du ihm auftust.
Es ist ein Zeitpunkt:
Das Auftun und das Eingehen."

Die Ruhe nach dem Sturm kehrte langsam bei mir ein. Ich atmete auf. Endlich kam ich zur Besinnung. Nein, ich kann nicht auf Kommando kontemplativ bei mir sein und nach Gott schauen. Es braucht eine Landebahn, wenn der Höhenflug des Getriebenseins nicht mit einer Bruchlandung enden soll. Schließlich fand ich mich ein in das gottvolle Dasein und konnte mich Ihm zuneigen und sein Ansehen genießen.

„Du mein Gott.
Du sollst mich ganz für Dich alleine haben,
jetzt endlich.
Alle nehmen mich in die Pflicht,
suchen und fragen,
verlangen, erwarten,
nehmen an und gehen davon aus,
dass ich da bin
und tunlichst ihrem Anspruch entspreche.
Dabei komme ich zu nichts Wesentlichem,
nicht zu mir,
nicht zu Dir,
nicht einmal
zu irgendwas.
Aber jetzt ist es genug.
Ich unterbreche mich
und komme zu Dir,
ganz ohne Alles,
was Du ohnehin längst weißt.
Lass uns einfach in der Stille liebevoll einander aufspüren.

Genießen,
diese weite Nähe Deines Geistes.
Die Hoffnung schimmert langsam vor und neben mir,
fast ganz genau da, wo ich Dich erwarte –
und alles ist gut,
augenblicklich,
sanftmütig,
mit Seelenruh,
nur Du
und ich
im heilen Land der Verheißung.
Ganz, ganz gut.
Amen"

Über den Wolken

Montag, 22. Dezember 2014: *„Liebe Lotte! Mit Oma Susanne sitze ich im Flugzeug. Wir sind gerade in Frankfurt gestartet. Momentan sind wir mehr als 9000 Meter hoch in der Luft und fliegen zu Dir. Übermorgen ist Weihnachten. Deine Eltern sind seit Oktober in Costa Rica mit Dir gelandet. Erste Weihnachten ganz weit weg von zuhause. Das macht viel Heimweh und deshalb haben wir uns entschieden, 14 Stunden zu fliegen, um bei Euch zu sein. Du musst wissen, dass ich eigentlich gar nicht fliegen kann. Ich bin nämlich kein Vogel. Gar nicht. Nicht ein bisschen. Das ist schade, aber nicht zu ändern. Ich bin in Wirklichkeit ein Angsthase. Angsthasen hoppeln mit angelegten Ohren und wackligen Beinen meist auf dem Boden der Tatsachen herum. Nun bin ich über den Wolken in einer* *fliegenden Rappelkiste und an Aussteigen ist nicht zu denken. Da muss ich noch lange mutiger Angsthase sein. Das geht ein bisschen besser, wenn ich an Dich denke …“*

So habe ich in das Tagebuch eines Großvaters geschrieben, als wir geflogen sind. Meine Flugangst ist riesengroß. Eigentlich so groß, dass Fliegen für mich ein no go ist. Die Umstände kurz vor Weihnachten 2014 machten es aber unumgänglich. Wir wollten zu den Kindern. Ich war schon Tage vor dem Start angstkrank und fühlte mich erbärmlich. Als es dann losging, ergab ich mich dem Schicksal. Die erste Zeit im Flieger war so aufregend, dass ich nur versuchte, weiter zu atmen und nicht in Ohnmacht zu fallen. Als wir dann oben waren, stellte ich fest, dass alle um mich herum so taten, als sei das alles völlig normal. Niemand außer mir war außer sich. Da habe ich mit dem Beten begonnen.

Das heißt, ich habe alles, was ich je auswendig gelernt hatte, wiederholt, in mich hinein gesprochen. Zum Beispiel:

„Befiehl du deine Wege
und was dein Herze kränkt,
der allertreusten Pflege,
des der den Himmel lenkt,
der Wolken Luft und Winden
gibt Wege, Lauf und Bahn,
der wird auch Wege finden …“.

Das half aber nur solange, wie mir unentwegt neue Texte einfielen. Schließlich kam ich auf die Idee, unserer Enkeltochter Lotte zu schreiben. Das hat mich fürs Erste gerettet. Ich schrieb alles auf, was wir bis jetzt zusammen erlebt hatten, seitenlang und allerliebst. Dann kamen wir in Turbulenzen. Der Flieger mutierte zum Wackelzahn. Das ganze Ding vibrierte und sackte ununterbrochen in gigantische Luftlöcher, aber niemand nahm das scheinbar wahr. Ich war offenbar der einzige Passagier, dem der Ernst der Lage bewusst zu sein schien. Alle anderen schliefen. Nur der Kapitän und ich, wir hielten wachsam die Wacht. Ich dachte über die letzten Dinge nach und fühlte mich so elend wie nie. Eine Stewardess ging durch den Mittelgang und sah mir ins Gesicht. „Ist Ihnen schlecht?" fragte sie fürsorglich. „Kann ich Ihnen etwas bringen?". Daraufhin fragte ich sie, ob wir vielleicht einen trockenen Rotwein an Bord hätten. Sie nickte, ging und kam wieder mit einem Cuvee 2013 aus Ellerstadt in der Pfalz. Ich las das Etikett und wusste, Gott hat mir diesen Gruß aus der Heimat jetzt gerade in diesem Augenblick ganz persönlich zugedacht. Mit Beten allein hätte ich den Flug niemals überstanden. Zu dem Geschenk des unmittelbaren Gesprächs mit Gott ist mir in den Tagen nach der Mutprobe „Über den Wolken" ein kurzer Text von Bernhard von Clairvaux in die Hände gefallen, für den ich in dieser Situation sehr ansprechbar war:

„Du musst nicht über die Meere reisen,
musst keine Wolken durchstoßen
und musst nicht die Alpen überqueren.
Der Weg, der dir gezeigt wird,
ist nicht weit:
Du musst deinem Gott nur
bis zu dir selbst
entgegengehen."

Beten und Staunen

Mein Freund Peter hat einen Satz parat, wenn er von etwas überwältigt ist. Wenn etwas im Augenblick so unfassbar schön scheint, so einzigartig und wunderbar, dann sagt er: „Ich könnte jetzt direkt in ein Gebet ausbrechen!“ Das Gebet als Reflex des Herzens und der Sinne auf das augenblickliche Geschenk des Daseins. Es gibt dieses Momentum außerordentlicher Überraschung und Freude. Beim Bergwandern zum Beispiel, wenn sich nach großer Anstrengung ein Blick vor uns ausbreitet, eine bis an den Horizont ausgiebig wunderschöne Welt oder abends am Nordseestrand, wenn die Sonne untergeht und das Firmament sich noch einmal anschickt, die unfassbar farbenschöne Lichterlohe zu spiegeln. Mir geht es so, wenn Susanne unten die Tür hereinkommt, wenn ich den Enkelkindern in die Augen sehe, wenn ein Freund vorbeischaut, wenn mir mein Hund die Zeit anhält und mit mir zusammen augenblicklich ist. Auf der Kutsche kann ich das erleben, wenn wir durch die Weinberge fahren und es nichts gibt, was ich gerade vermisse. „In ein Gebet ausbrechen!“, das ist die Kostbarkeit des Beschenktseins ohne jedes Zutun. Umsonst, verschwenderisch, über die Maßen reich – nicht zu fassen.

Mit mir ist ein Gebet seit vielen Jahren unterwegs, das diese überwältigende Überraschtheit wunderbar in Worte fasst. Es darf in diesem Buch nicht fehlen. Es könnte passen, wenn etwas uns so dermaßen anrührt, dass wir zusammen mit Peter in ein Gebet ausbrechen wollen. Es ist ein Morgengebet der Christen in Westafrika:

„Ich werfe meine Freude wie Vögel an den Himmel.
Die Nacht ist verflattert
und ich freue mich
am Licht.

So ein Tag Herr,
so ein Tag.
Deine Sonne hat den Tau weggebrannt
vom Gras
und von unseren Herzen.

Was da aus uns kommt,
was da um uns ist
an diesem Morgen,
das ist Dank.

Herr ich bin fröhlich
heute
am Morgen.
Die Vögel
und die Engel singen
und ich jubiliere auch.

Das All
und unsere Herzen
sind offen
für deine Gnade.

Ich fühle meinen Körper
und danke.
Die Sonne brennt meine Haut,
ich danke.
Das Meer rollt gegen den Strand,
ich danke.
Die Gischt klatscht gegen unser Haus,
ich danke.

Herr, ich freue mich an der Schöpfung,
und dass Du dahinter bist
und daneben
und davor
und darüber
und in uns.

Ich freue mich und freue mich …

Ich werfe meine Freude wie Vögel an den Himmel.
Ein neuer Tag,
der glitzert
und knistert
und jubiliert
von deiner Liebe.

Jeden Tag machst du.
Halleluja!
Amen.

Beten im Hauskreis

Mein erster Hauskreis war einer, den niemand so genannt hat. Er traf sich immer wieder sonntags in meinem Elternhaus. Ich weiß gar nicht, ob die sich jemals angemeldet oder verabredet haben. Vielmehr glaube ich, die sind immer einfach so gekommen. Irgendwann am Abend ging leise die Küchentür auf und da waren sie: Oma mit Tochter, Sohn mit Frau und Kindern, zusammen sechs. Sie waren nicht mit uns verwandt, es waren Freunde und es waren Bauersleute wie wir und fromm wie wir. Sie brachten ihre Gemeinschaftsliederbücher der Inneren Mission und das Jesu Name Liederheft selber mit. Wir gingen rüber ins Wohnzimmer, wo ein Klavier stand und Paul setzte sich dran und spielte alles auswendig, was vorgeschlagen wurde. Alle durften sich was wünschen, dazwischen wurde über Gott und die Welt erzählt. Das ging so knapp zwei Stunden, dann brachen sie wieder auf. Schließlich mussten alle am Montag wieder früh raus in den Stall zum Füttern und zum Melken. Das war meine erste Hauskreiserfahrung. Leute, die privat zusammenkamen, um ihren Glauben miteinander zu teilen. Heute sind wir selbst Teil eines Hauskreises.

Vier Ehepaare, die sich alle zwei Wochen am Sonntagabend treffen. Alle wechseln sich in der Gastgeberrolle ab, der Ablauf ist immer gleich. Wir singen (wenn wir es nicht coronabedingt verboten kriegen), wir betrachten einen Bibeltext (in der Regel den Predigttext des jeweiligen Sonntages) und beschließen den Abend am Ende mit einem Segen oder einem Gebet. Es ist mal spannend, mal spannender, mal aufgeregt und mal gelassener, aber immer schön und angenehm.

Stets geben und nehmen wir Anteil am Leben der Anderen. Damit wird dieser Kreis zum Resonanzraum für gelebten und erprobten Alltagsglauben. Hier treffen sich die Experten für den tageslichttauglichen Wert des Credos. Hier endet alle theologische Theorie. Damit stehen wir in einer ganz alten urchristlichen Tradition, denn so hat christliches Miteinander ja einmal angefangen. Lange bevor sich die Leute unterm Kirchendach versammelten, trafen sie sich in ihren Häusern.

Der Glaube hat zuerst im Wohnzimmer gewohnt, ehe er in klerikale Hoheitsgebiete einzog. Die ersten Gemeinden waren kleine Gruppen von Menschen, die sich hin und her in ihren Häusern trafen. So berichtet es die Apostelgeschichte ganz am Anfang. Auch die ersten Gemeinden in den heidnischen

Missionsgebieten versammelten sich in privaten Räumen. Mit Lydia und ihrem Haus fing alles an auf europäischem Boden, als Paulus auf seiner zweiten Missionsreise in Philippi den christlichen Glauben zu uns brachte. Hauskreise können die Keimzellen und Trainingslager für den Glauben sein. Da wird anberaumt, was uns ausmacht, wenn wir glauben, lieben und hoffen in einem guten gemeinsamen Geist.

Gebet vor einem Hauskreis-Treffen

Guter Gott!
Alles ist vorbereitet.
Jetzt warten wir auf unsere Gäste.
Es ist Hauskreisabend.
Diesmal bei uns.
Wir sind angespannt,
wollen gute Gastgeber sein.
Gemütlich und warm ist es schon.
Der Tisch ist gedeckt.

Kerzen, Tee, Blumen, alles da,
aber was werden die Freundinnen und Freunde mitbringen?
Welche Fragen, Lasten und Erlebnisse haben sie wohl im Gepäck?
Wird uns der Bibeltext locken,
inspirieren, reizen, ansprechen, weiterbringen?
Wie können wir das Gespräch gut leiten?
Werden wir sensibel genug, geduldig und aufmerksam sein?
Werden wir warten können auf die Stimmen der Leisen und eher Verzagten?
Können wir Störungen und Ärger gut ertragen?
Wie kann uns dieser Abend gelingen?

Bitte, lieber Gott,
komm herein in unsere gute Stube,
nimm Platz an unserem Tisch,
sei uns Mitte und Ziel.
Gib uns Deine geistreiche Liebe,
stimme uns ein auf den Ton Deiner Art.
Komm, Herr Jesus,
sei Du unser Gast
und segne uns.
Amen

In die Röhre schauen

MRT. Zum wiederholten Mal. Muss sein. Sagte mein Doktor. Ich füge mich. Es ist schon verdammt eng in dieser Röhre. Wenn sie einen da hineinfahren, macht man am besten die Augen zu. Das habe ich inzwischen gelernt. Augen zu und durch! Die Musik auf den Ohren hätte ich mir nicht unbedingt gewünscht. Das hier ist aber nun mal kein Wunschkonzert. Ich versuche ganz ruhig zu atmen und weiß, dass es vorbei geht, wie beim letzten Mal auch. Wie man die Zeit wahrnimmt, das ist sehr unterschiedlich. Je nachdem, wo und wie man sie verbringt, kann das komplett anders sein. Ob im Wartezimmer beim Zahnarzt, in der Abendsonne am Strand, beim Spaziergang Hand in Hand, beim Elfmeterschießen nach der Verlängerung, im Zug nach Berlin. Es sind Ewigkeiten oder Sekundenglück – wie die Zeit vergeht.

Wenn man in die Röhre schauen muss, wird aus der Zeit eine zähe, unbarmherzig verweilende, sich dahin schleppende Trägheit. Nichts geht voran. Alles steht still. Bis auf die schauderhafte Musik tut sich nichts. Nur innen drin, da rast das Herz und kommt die Angst, weil es eng ist. Das hängt zusammen. Man lässt mich wissen, dass etwas mit dem Kontrastmittel nicht geklappt hat und es deshalb ein wenig länger dauern wird. Ein bisschen länger? Ich fass es nicht. Eigentlich hatte ich mich darauf eingestellt, dass es jetzt gleich vorbei ist. Mir wird heiß. Ich spüre, nicht mehr souverän und selbstbestimmt bei mir zu sein. Ich bin außer mir. Das ist in der Röhre ein wahrhaft kompliziertes Unterfangen, kein Platz, um außer sich zu sein. Mit Unruhe ist das, was in mir hochsteigt nicht wirklich zu beschreiben. Ich laufe Gefahr, in Panik zu geraten, suche nach etwas, was mir jetzt Halt gibt. Irgendetwas muss zu mir kommen, was mich für eine Weile so beschäftigt, dass ich aufhöre, mit mir allein zu sein. Da kommt mir, der Himmel weiß woher, die Weihnachtsgeschichte in den Sinn.

„Es begab sich aber zu der Zeit, dass ein Gebot von dem Kaiser Augustus ausging, dass alle Welt geschätzt würde. Und diese Schätzung war die allererste und geschah zu der Zeit, da Quirinius Statthalter in Syrien war. Und jedermann ging, dass er sich schätzen ließe, ein jeglicher in seine Stadt. Da machte sich auf auch Josef …“ Lukas 2, Lutherübersetzung

Was für eine verbalästhetische Wohltat. Ich gehe die ganze Geschichte entlang. Der Text nimmt mich total in Beschlag: „Und es waren Hirten in derselben Gegend auf dem Felde bei den Hürden, die hüteten des Nachts ihre Herde. Und der Engel des Herrn trat zu ihnen und die Klarheit des Herrn leuchtete um sie und sie fürchteten sich sehr!“ So wie ich. „Und der Engel sprach zu ihnen: Fürchtet euch nicht! Siehe, ich verkündige euch große Freude, die allem Volk widerfahren wird, denn euch ist heute der Heiland geboren …“

Oh ja, der Heiland, der liebe Heiland ist da. Wunderbar. Ich bin ganz und gar bei ihm und er bei mir. Es ist Weihnachten – in der Röhre. „Ehre sei Gott in der Höhe …!"

Kommen wir zum Ende der Geschichte: „Und die Hirten kehrten wieder um, priesen und lobten Gott für alles, was sie gesehen und gehört hatten, wie denn zu ihnen gesagt war." Ohne einen Moment zu zögern oder nachzudenken, fange ich einfach gleich wieder von vorne an, so wie ein Kind, das mit dem Schlitten den Berg runter gefahren ist und sofort wieder hinauf geht, um das zu wiederholen. Ich bleibe einfach in der Geschichte.

Sie holt mich wieder. Es passiert etwas unfassbar Schönes, eine Zugabe, eine unverhoffte Vertonung der Geschichte. Auf einmal höre ich die Stimme meines Vaters, wie er uns am Heiligen Abend immer die Weihnachtsgeschichte vorgelesen hat. Ganz genau so höre ich sie jetzt. Ich kenne seine Stimme genau, habe seine Betonung und seinen Zungenschlag exakt verinnerlicht. Jetzt spreche nicht ich, jetzt höre ich zu. Ich bin geborgen. Ich bin daheim. Ich vergesse die Enge und bin ganz weit und frei und überrascht, als sie mich rausfahren und fragen, ob es denn sehr schlimm gewesen sei, solange diesmal, so viel länger als sonst. „Nein!", sag ich, „es war wie Weihnachten!" Aber das versteht jetzt kein Mensch. Nur ich und der Heiland.

Bilanz

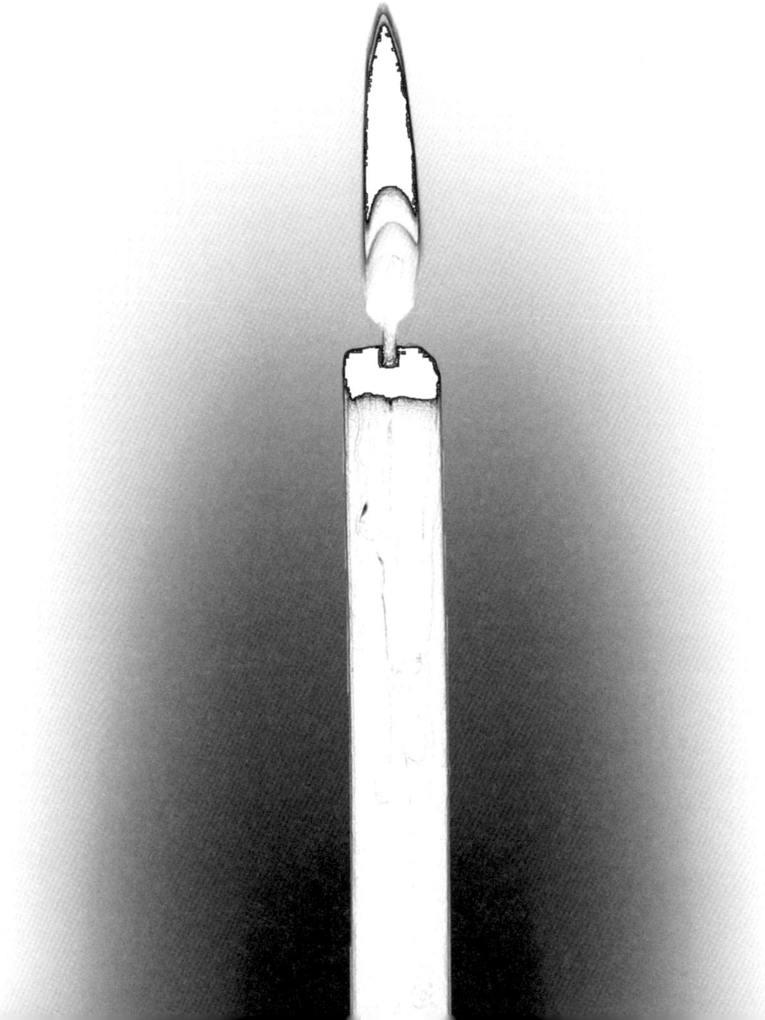

Vom Balkon ins Kämmerlein

Mein Gebetsleben hat mich ganz schön auf Trab gehalten. Von der Kindheit, über die Suche nach einer eigenen Gebetssprache und dem Beten als Beruf, bis heute. Wie viele Stationen und Übergänge, Veränderungen und Sprechweisen sind mir durch den Kopf und durch das Herz gegangen, seit mir Mutters liebes Gesicht über dem Kinderbettchen die Geborgenheit hereingebet hat. Wie ist es in der Turbulenz des Stimmbruchs gleichzeitig zum Abbruch des Betens gekommen, zu Wort- und Gottfindungsstörungen. Was musste ich riskieren, um mich aus der vertrauen Enge der elterlichen Gebetswelt zu entfremden und weit genug weg zu kommen, bis ich das schmerzliche Heimweh gut aufspüren kann? Wie gut war es, sich zum Probesitzen in fremde Gebetshäuser zu setzen, Gast zu sein im Gespräch der Anderen mit Gott. Mitzufliegen als blinder Passagier, um endlich wieder Höhe zu gewinnen und himmelhohe Lust auf Lebenszeichen meines Glaubens. Mit welcher Vehemenz hat sich mein politisches Interesse, mein Entsetzen über den Weltuntergang allenthalben in meine Gebetsschrecken verfangen, wie habe ich meine Wut und meine unbändige Entschlossenheit auf Veränderung da hineingepresst. Mit welcher Unverschämtheit und Schärfe habe ich Gott belagert und meine Umgebung erschreckt?

Schließlich mein amtlich geordnetes, agendarisches Gebetsleben im jungen Pfarramt bei allem Sturm und Drang. Wie fraglos habe ich Zeitgeschehen und die Sorge um Gerechtigkeit, Frieden und Bewahrung der Schöpfung hineingepackt in jede seufzende Fürbitte, demonstrierend gebetet? Was musste ich langsam durchbuchstabieren, wie es ist, seelsorglich leise und zärtlich genug am Krankenbett und im Sterbezimmer um Psalm und Verse der Väter und Mütter des

Glaubens zu ringen? Wie mühselig und langsam ist meine Suche nach eigener Gebetssprache nur beinahe gelungen? Und dann die Wiederentdeckung der zweiten Naivität in der zurückgeschenkten Gotteskindschaft, die nur auf Verdacht und Urvertrauen aus ist und einfach in die unfassbar nahe göttliche Ferne springt. Dabei dann zu entdecken, dass Beten auch Protestieren, Beschweren, Klagen, Widersprechen heißen darf, dass es nicht etwa gottlos ist, mit Gott zu ringen; es im Gegenteil womöglich die größte anzunehmende Gottesnähe bedeutet, sich an seiner Unbegreiflichkeit wund zu reiben und sein Schweigen zu unterbrechen mit Rebellion. Bis ich mich eingefunden habe in eine schweigende liebe Sehnsucht, die nur noch in Gottes Nähe atmen und schweigen will, um sich gänzlich hinzugeben in seine grenzenlose Liebesmühe mit mir und uns allen.

So hat sich also mein Leben im Beten immer gespiegelt und im Echo gedeutet. So waren die Suche nach mir selbst und nach Gott immer synchron im Dialog. Jede Stufe des Wirkens und Werdens hat sich artikuliert und abgebildet in der Art und Weise der Beziehungspflege mit mir selbst und mit dem Gott, dem ich mich verdanke.

In wie vielen verschiedenen Räumen und Zusammenhängen habe ich die Frage wiederholt gestellt und damit gerungen: „Ist da jemand?"

Wie oft stand ich dabei auf dem Balkon meines Glaubenshauses und habe Ausschau gehalten, was vor sich geht in der Welt. Habe mich manchmal weit hinausgelehnt, um mitzubekommen, worauf es ankommt, wie es zugeht in der Welt, habe sie ins Gebet genommen und meinem Gott ans Herz gelegt. Beten und Tun als unverzichtbares Ein- und Ausatmen des Gebets waren mir wichtig.

Ja, Beten als wohl ein immer wieder neu anzuberaumendes Ausrichten und Ausstrecken nach Gottes Gegenwart. Dabei ziehen wir so manches Mal im Glaubenshaus um und hin und her. Wie mir scheint, bin ich nun gerade dabei, erneut umzuziehen, diesmal vom Balkon ins stille Kämmerlein. Habe mir nach vielen Jahren des Vorbetens und Mitbetens in den Altarräumen jetzt eine kleine Gebetsecke zuhause gebaut. Habe aufgehört, Gott die Welt zu erklären und meine Sammelbestellungen an ihn sind eher der stillen Anbetung und dem Verweilen in seiner Nähe gewichen. Mit zwei kurzen Texten, will ich ein wenig teilgeben an diesem neu entdeckten Herzensgebet.

Am Fenster

Seit ich angefangen habe, Gott am Morgen zu besuchen, bei ihm vorbeizuschauen und ein wenig Zeit mit ihm zu verbringen, hat sich unsere Beziehung stark geändert. Ich melde mich mit dem Namen „Herr Jesus" bei ihm an, spreche diesen Namen sozusagen als Passwort beim Ein-und Ausatmen mehrfach wiederholend aus und strecke mich mit meiner Gottsuche sehnend entgegen. Ich rede aber nicht mehr auf ihn ein, habe aufgehört, ihm die Welt zu erklären, weil ich weiß, dass er weiß, was geschieht. Mache auch keine Sammelbestellung mehr, ich zähle ihm nicht mehr meine Bedarfsliste auf mit den nötigsten Erste-Hilfe-Maßnahmen. Ich werfe ihm nichts vor, ich frage ihn nicht nach dem Wieso und Warum. Ich will nur seine Nähe spüren und ein wenig verweilen in seinem Licht.

Das allerdings haben sämtliche Schreckgespenster, die ich zwar bei mir wohnen lasse, zwangsläufig, die ich aber in den Keller gesperrt habe, längst mitbekommen, sich gegenseitig verständigt und zu sich gesagt: „Habt ihrs schon gehört? Er ist zu Haus, er ist allein, er ist nicht beschäftigt, er tut nichts, er betet sich nur gottvoll schweigend ungeschützt in die Stille. Jetzt auf ihn mit Gebrüll!" Schon kommen alle möglichen und unmöglichen Gedanken, Erinnerungen, Ängste und Sorgen herein, ohne anzuklopfen und belagern mich unverschämt. Zuerst habe ich mir überhaupt nicht mehr zu helfen gewusst, habe mich erschreckt und bin so schnell wie möglich geflohen, ohne mich von Gott anständig zu verabschieden. Hab höchstens gewunken und kurz „Und tschüss!“ gesagt und „Wir sehen uns! Bis bald!“ Das mache ich jetzt nicht mehr so. Erstens ist es unanständig und zweitens feige. Jetzt mache ich, wenn die Belagerung wieder einmal mit der Tür ins Haus fällt, einfach das Fenster meiner Seele auf und schaue, wer da auftaucht und bei mir vorbeikommt und siehe da, jeden Tag kommen andere Leute zu meiner Überraschung, schauen, grüßen, gehen weiter, winken vielleicht ganz kurz, nicken mir zu, lachen mich an und gehen weiter ihres Weges. Ich schaue und staune und sage zu Gott: Danke für diese lieben Leute, die du mir heute wieder vorbeigeschickt hast. Ich freu mich, dass wir so viele gemeinsame Freunde und Bekannte haben. Das verbindet, das schützt, das macht, dass ich wieder still und geborgen im Zimmer bleiben kann – bei offenem Fenster und herzenswarmer Gottesnähe.

Kurze Unterbrechung

Wir sind unterbrochen worden. Gerade hatte ich mich Gott zugewandt, mich in seiner Nähe kniend niedergelassen, hatte die Kerze angezündet und „Hallo!“ zu ihm gesagt, war mit dem Herzensgebet atmend ihm entgegen gegangen, da klingelte das Telefon. Ich wusste, wer anrufen wollte, mit wem ich Wichtiges zu besprechen hatte und jetzt aufstehen und rangehen musste. Ich löschte die Kerze, entschuldigte mich kurz, schämte mich ein bisschen und eilte zum Telefon.
Es war wirklich ein wichtiges Gespräch. Das hätte nicht warten können – oder doch? Zum Glück dauerte es nur wenige Minuten. Es war schnell alles klar, was zu klären war. Was sollte ich jetzt machen? Mein Gebetsort zog mich magisch zurück. Ich kniete ein zweites Mal, zündete die Kerze erneut

an und begann mit meinem Jesusgebet seinen Namen zu rufen. Ist da jemand? Plötzlich wurde mir ganz warm ums Herz, erleichtert nahm ich die Verbindung wieder auf, tastete mich in die liebevolle Stille und wartete darauf, dass er mir entgegenkommt, ein Stück, nicht mehr, als jetzt gut ist. Plötzlich durchströmte mich ein ganz großes Glück: Ich spürte: ER ist noch da. Wir waren nur kurz unterbrochen, aber nicht getrennt. Die Leitung stand noch, die Tür war nicht zu, der Himmel nicht verschlossen. Der Busch brannte noch. Die Schuhe hatte ich längst ausgezogen. Jetzt nahmen wir uns ganz viel Zeit füreinander.

Eine wunderbare Ermutigung ist in diesem Zusammenhang das Gebets-Resümee, das Sören Kierkegaard einst gezogen hat, als er sagte:

„Als mein Gebet immer andächtiger und innerlicher wurde, da hatte ich immer weniger und weniger zu sagen. Zuletzt wurde ich ganz still. Ich wurde, was womöglich noch ein größerer Gegensatz zum Reden ist, ich wurde ein Hörer. Ich meinte erst, Beten sei Reden. Ich lernte aber, dass Beten nicht nur Schweigen ist, sondern Hören. So ist es: Beten heißt nicht sich selbst reden hören, Beten heißt still werden und still sein und warten, bis der Betende Gott hört."

Bei Martin Schleske habe ich in seinem Buch „Herztöne" ein wirklich aufschlussreiches Beschreiben dieser Kämmerlein-Gebetshaltung gefunden:

„Neige Gott dein Herz zu und verweile in der liebenden Stille."

(Seite 173)

„Ich glaube, die wundervollste Form des Betens ist,wenn wir das schweigende Gebet erlernen. Es heißt nicht, dass wir nichts sagen, sondern dass wir Gott wortlos unser Herz zunei-

gen … Da wird unsere Seele in einen Raum wunschlosen Vertrauens geführt. Wir müssen nicht leer werden, müssen nicht loslassen. Der Raum ist nicht leer, er ist erfüllt. …

Wenn Gottes Gegenwart uns einnimmt, wünschen wir nichts. Dann sagt meine Seele: Ich wünsche nicht, denn ich habe alles." (Seite 249)

Der Kontemplationsbegleiter Simon Peng-Keller zitiert in seinem Buch zur Einübung in ein achtsames Leben (Kontemplation, Seite 53) Anselm von Canterbury mit seiner Anleitung zum ruhig verweilenden Gebet: *„Wohlan denn, armer Mensch, entfliehe ein wenig deinen Beschäftigungen, verbirg dich einige Zeit vor deinen lärmenden Gedanken, wirf ab jetzt die drückenden Sorgen und stelle zurück deine mühevollen Beschäftigungen. Sei ein wenig frei für Gott und ruhe eine Weile in ihm. Tritt ein in das Kämmerlein deines Geistes, schließe alles aus, außer Gott und dem, was dir hilft, ihn zu suchen, und, nachdem die Tür geschlossen ist, suche ihn. Sprich nun, mein ganzes Herz, sprich nun zu Gott: Ich suche Dein Antlitz, Herr, Dein Antlitz, suche ich."*

Betend
Ich lass mich in Ruhe
nieder vor Gott,
still tast ich mich ihm entgegen
mit einem Herz von Liebe voll,
lass ich alle Mühe los.

bis ich versunken
im gottvollen Jetzt
einfach verweile im Dasein.

In aller Seelenruhe
traue ich mir über den Weg
nachhause,
betend,
augenblicklich geborgen.

Beten mit Liedern

Mit Liedern beten

„Schöne Lieder haben Sie ausgesucht, Herr Pfarrer!" Immer wenn ich beim Verabschieden an der Kirchentür dieses Kompliment zu hören bekam, habe ich mich in den ersten Amtsjahren nicht etwa darüber gefreut, sondern geärgert. Eine ganze Woche habe ich mich mit einem Predigttext herumgequält, bis endlich die Predigt „gebaut" war – und nun, da es Zeit wäre, diese „Meisterleistung" angemessen zu honorieren, bedanken sich die Leute für die Lieder.

Ich habe eine Zeit gebraucht, um zu verstehen, dass sie recht hatten und haben. Dort wo nämlich die verbalen Möglichkeiten, Gott aufzuspüren, an ihre Grenzen kommen – und sie kommen ganz schnell dahin – dort beginnen die Lieder uns sang- und klangvoll zu erheben, zu tragen, zu trösten und aus uns Anbetende zu machen. Nicht umsonst ist es alter Brauch in unseren Kirchen, im Notfalle, wenn die Liturgen unerwartet ausbleiben, wenigstens zu singen und das Vaterunser zu beten. Es mag uns predigenden Protestanten schwerfallen, die relative Bedeutung des vollmächtigen Wortes von der Kanzel zuzugestehen, aber wenn wir ehrlich sind, entlastet uns das doch auch. Wenn unsere verbalakrobatischen Feldaufschwünge womöglich nur uns selber gut getan haben, dann sind es immer noch die Lieder, die den geistlichen Hunger der Menschen stillen können.

„Wenn du's nicht sagen kannst, sing's!" haben sie zu mir als Kind immer gesagt, wenn ich ins Stottern geriet. Martin Luther wird nachgesagt, er habe das Singen ein doppeltes Beten genannt. Was liegt also näher, als in diesem Buch ein paar Lieder anzustimmen – mit Liedern beten. Die Bezirkskantorin Anna Linß hat die Töne zu meinen Worten gefunden. Dafür danke ich ihr herzlich.

Niemals Gott los

L. Burgdörfer A. Linß

Für mich

L. Burgdörfer

A. Linß

12
Das hast du, Gott, für mich ge - macht! Für mich hier ganz al -
16
lei - ne. Ich weiß, du bist für al - le da und
20
je - der sucht das Sei - ne. Trotz-dem sind wir, ab und zu,
24
nur ich und du.

Ist da jemand

L. Burgdörfer

A. Linß

… und doch

L. Burgdörfer A. Linß

Du schon wieder

L. Burgdörfer

A. Linß

Widmung

Wir haben für Sie gebetet

„Wir haben für Sie gebetet!" Mit diesem Satz hat mich am 6. September 1992 Pfarrer Klaus Armbrust von St. Maria begrüßt. An diesem Sonntagmorgen wurde ich in Landau in mein neues Amt als Pfarrer der Prot. Stiftskirchengemeinde eingeführt. Nach dem Gottesdienst gab es einen kleinen Empfang im Gemeindehaus. Dazu erschien der katholische Kollege, nachdem er gerade selber seinen Gottesdienst beendet hatte, um mich namens der katholischen Kirchengemeinde willkommen zu heißen. Während des Empfangs hatte er für mich gebetet. Was ich damals noch nicht ahnen konnte, nahm aber genau ab diesem Sonntag seinen Lauf. Es sollte der Beginn einer tiefen Freundschaft werden. Zwar gingen wir nach dieser Begegnung erst einmal wieder jeder seines Weges, es ergaben sich aber immer wieder Gelegenheiten und Anlässe für gemeinsames Beten in ökumenischer Verbundenheit.

Nach und nach machten wir uns miteinander vertraut. In der gemeinsamen Verantwortung für soziale Aufgaben in der Brennpunktarbeit (ÖSZ, Ökumenisches Sozialzentrum), in gemeinsamen Gottesdiensten für Kitas und Schulen oder bei offiziellen Anlässen und Feierlichkeiten wie beim Rheinland-Pfalz-Tag im Juni 2001und vieles mehr.

Wir fingen an, immer öfter das gemeinsame Beten als Geschenk zu empfinden, als Chance öffentlich zusammen als Partner und nicht als Gegner wahrgenommen zu werden. Das Gebet wurde uns zur größten gemeinsamen Grundlage, bei der konfessionelle Unterschiede oder gar Differenzen absolut in den Hintergrund treten konnten, ohne dass jemand etwas an Profil und Identität verloren ging, im Gegenteil. Wir spürten immer deutlicher, dass gemeinsames Gebet die beste Möglichkeit war, Vorurteile und Distanz zu überwinden.

Denn wer anfängt füreinander und miteinander zu beten, beginnt schon unversehens sich zu befreunden. Wenn Betroffenheit und Angst über die Menschen kam, so wie am 11. September 2001 nach dem Terroranschlag in New York oder bei anderen Katastrophen, haben wir Bittgottesdienste nur noch gemeinsam begangen.

Selbst an Fronleichnam konnten die katholischen Leute im Vorübergehen bei ihrer Prozession durch die Stadt die evangelischen Kirchenfahnen wehen sehen. Wir begannen mit gemeinsamen Andachten in der Passionszeit und trugen zum Advent das Licht von Betlehem gemeinsam in alle Kirchen der Stadt. Es gibt keine größere Kraft zur Geschwisterlichkeit in versöhnter Vielfalt als das gemeinsame Gebet. Miteinander auf Gott schauen verbindet im Geist der Liebe. Missverständnisse und Konflikte können durchaus weiterhin vorkommen, aber sie haben keine zerstörerische Wirkung mehr. Sie sind untergeordnet in dem Wissen um einen größeren gemeinsamen Nenner, nämlich dem gemeinsamen Nennen des Namens Gottes.

Schließlich konnten wir regelmäßigen Kanzeltausch und sogar das Teilen von Brot und Wein riskieren, konnten uns gegenseitig bei Feierlichkeiten und Festgottesdiensten begleiten. Wenn die Kirchen zu gesellschaftlichen Streitthemen befragt wurden, standen wir gemeinsam vor der Presse Rede und Antwort. Darum schrieb irgendwann die Lokalredaktion der Rheinpfalz in Landau über die Berichterstattung von einer unserer ökumenischen Veranstaltungen: „Wer A sagt, muss auch B sagen!“ (A wie Armbrust, B wie Burgdörfer.)

Mit großer Freude und Dankbarkeit beobachten wir Beide, wie unsere Nachfolger diese ökumenische Partnerschaft weiter ausbauen und festigen.

„Wir haben für Sie gebetet!“ Dieser Satz bei unserer ersten Begegnung wurde zum Geheimnis und Konzept einer zunehmend gelebten Weggefährtenschaft über drei Jahrzehnte bis heute. Deshalb ist dieses Buch meinem ziemlich besten katholischen Freund, Klaus Armbrust, in herzlicher Dankbarkeit gewidmet.

Nachwort

Wieder ist Ludwig Burgdörfer ein Buch gelungen, das man nicht aus der Hand legen möchte bevor es ganz gelesen ist. Weil man spürt: hier geht es nicht nur um theologische Betrachtungen und Ludwig Burgdörfers Einsichten und Erfahrungen mit dem Gebet, es geht auch um mich als Leserin oder Leser ganz persönlich.

Burgdörfer schildert die Stationen seines Gebetslebens so ehrlich und plastisch, dass eigene Erinnerungen geweckt werden und man sehr behutsam dahin geführt wird, sich selbst die Frage zu stellen: Wie halte ich es denn mit dem Gebet?

Klar ist, ein Christenleben ohne Beten gibt es eigentlich gar nicht.

Klagen, Bitten, Danken, Loben sind die grundlegenden Pole des Gebets im Alten Testament, in unendlichen Varianten zu finden in den Psalmen.

Im Neuen Testament wird uns Jesus selbst als Beter gezeigt. Weil er auch Mensch war und damit schwach und bedürftig, erbat er von seinem göttlichen Vater alles Notwendige. Jesus lehrte seine Jüngerinnen und Jünger eine neue Haltung, mit Gott zu reden: „Wie die Kinder mit ihrem lieben Vater“ (Luther).

Darüber hinaus ist das Gebet in allen Religionen zuhause. Menschen, die ihr Menschsein in Beziehung zu einem göttlichen Wesen begreifen, wollen mit diesem auch in Kontakt treten. „Wo das Gebet gänzlich verstummt ist, da ist es um die Religion selbst geschehen“ hat der niederländische Theologe und Philosoph Cornelis Petrus Tiele († 1902) einmal prägnant festgehalten. Ich vermute, dass viele Menschen heute eher sprachlos im Hinblick auf den Glauben geworden sind als völlig religionslos. Oft fehlt einfach die Übung, man weiß nicht so recht, was man zu Gott wie sagen könnte, wie mit ihm in Kontakt treten.

Hier kommt Ludwig Burgdörfers Buch wie gerufen, und zwar leichtfüßig, nicht belehrend und ohne denen ein schlechtes Gewissen machen zu wollen, die schon lange nicht mehr gebetet haben. Die gut lesbaren Kapitel laden ein zum Hinhören, auf Burgdörfers Erfahrungen und zum Hineinhören in mich selbst. Sie sind ein Geländer zum Erkunden, Wiederentdecken und Vertiefen eigener Erfahrungen mit dem Gebet. Und unglaublich einladend, es einfach wieder einmal zu probieren. Dazu helfen auch die vielen Gebete im Text.

In unserer Gesellschaft und in unseren Kirchen sind wir in so manche Sackgassen geraten. Das hängt auch damit zusammen, dass uns die Haltung, die zum Beten gehört, abhanden gekommen ist. Wer betet, versteht sich in Beziehung, in Abhängigkeit zu Gott und natürlich auch zu seinen Mitmenschen. Wo wir alles immer alleine und aus eigener Stärke heraus können sollen und wollen, verlieren wir den Blick für unser Eingebundensein und kreisen in vermeintlicher Autonomie nur noch um uns selbst. Damit wird niemand wirklich glücklich. Dadurch bröckelt auch der Zusammenhalt in Kirche und Gesellschaft. Wir erweisen uns und anderen einen guten Dienst, wenn wir uns wieder auf die Kraft des Gebets besinnen und Gott darin wirken lassen. Ich bin sicher, dass wir dann viele positive Überraschungen erleben werden. Beim Auf- und Ausbau des Missionarisch-Ökumenischen Diensts (MÖD) durften Ludwig Burgdörfer, ich und unser Team jedenfalls erleben, welche Dynamik das mit- und füreinander Beten entfaltet. Dafür bin ich bleibend dankbar. Und so bete ich dafür, dass „Ist da jemand?“ segensreiche Spuren im Leben von Menschen und in unserer Kirche hinterlassen wird.

Marianne Wagner

Literatur, die meine Gebetsbiografie begleitet hat:

Bedford-Strohm, Heinrich, Liturgische Konferenz, Neues Evangelisches Pastorale, Gütersloher Verlagshaus, 2019 (7. Auflage)

Betz, Otto u.a., Morgenlicht und Abendschein, Verlag am Eschbach, Eschbach, 2003

Bonhoeffer, Dietrich, Widerstand und Ergebung, Kaiser, München, 1971

Brinkel, Wolfgang, Dem Leben auf der Spur, Gütersloher Verlagshaus, 1996

Brunes, Wilhelm, Niemandsland Gott, Verlagsanstalt Tyrolia, Innsbruck, 2017

Bücken, Eckart, Maschwitz, Gerda, Netz, Hans-Jürgen, Seidel, Uwe, Sorkale, Florian, Wende, Wolfgang, MEIN LIEDERBUCH für heute und morgen, tvd-Verlag, Düsseldorf, 1994 (9. Auflage)

Bücken, Eckart u.a. Arbeitskreis für kulturelle Bildung und Medienarbeit der Jugendkammer der Ev. Kirche im Rheinland, Düsseldorf, 1994 (9. Auflage)

Burgdörfer, Ludwig, Bete sich wer kann, Brunnen Verlag, Gießen 2015

Feige, Joachim, Spennhof, Renate, Hrsg., Ja zu jedem Tag, Aussaat Verlag, Neukirchen-Vluyn, 1994 (9. Auflage)

Ghandi, Arun, Sanftmut kann die Welt erschüttern, Du Mont Köln, 2019

Hartmann, Isabel, Knieling, Reiner, Gott: Wie wir den Einen suchten und das Universum in uns fanden, Gütersloh, 2019

Hüsch, Hans Dieter, Das Schwere leicht gesagt,

Hüsch, Hans Dieter, Seidel, Uwe, Ich stehe unter Gottes Schutz, Psalmen für Alletage, tvd-Verlag, Düsseldorf, 1996

Jalics, Franz, Der kontemplative Weg, Ignatianische Impulse, Würzburg, 2014

Jepsen, Maria u.a. (Hrsg), Ich rufe täglich zu dir, Kreuz Verlag Stuttgart, 1997

Jungclausen, Emmanuel (Hrsg.), Das Jesusgebet, Regensburg, 2014

Landgraf, Michael (Hrsg.), Meine bunte Welt, Nachdruck der Originalausgabe, Agiro Verlag, Neustadt, 2020

Marti, Kurt, Mein barfüßig Lob, Luchterhand Verlag, Darmstadt, 1987
Naegeli, Sabine, Die Nacht ist voller Sterne, Herder, Freiburg, 1997
Nouwen, Henri, Mit offenen Händen, Herder, Freiburg, 1996
Oosterhuis, Huub, Um Recht und Frieden, Patmos Verlag, Düsseldorf, 1989
Peng-Keller, Simon, Kentemplation, Kreuz Verlag, Freiburg, 2012
Pompe, Hans-Hermann und Oelke, Christian Alexander (Hrsg.) Gemeinschaft der Glaubenden gestalten, Nähe und Distanz in neuen Sozialformen, Evangelische Verlagsanstalt Leipzig, 2019
Seidel, Uwe, Zils, Diethart, Psalmen der Hoffnung, Schriftenmissionsverlag, Gladbeck, 1982
Schleske, Martin, Herztöne, adeo Verlag, Asslar, 2016
Schulz, Frieder, Heute mit Luther beten, Gütersloher Verlagshaus, 1978
Sölle, Dorothee, Die Hinreise, Zur religiösen Erfahrung, Texte und Überlegungen, Kreuz Verlag Stuttgart, 1976
Sölle, Dorothee, Mutanfälle, Texte zum Umdenken, Deutscher Taschenbuchverlag, DTV München, 1996
Spangenberg, Peter, Der Stein der tanzenden Fische, Gütersloher Verlagshaus, 1976
Spangenberg, Peter, Mit Gott reden, Gütersloher Verlagshaus, 1979
Wind, Renate, Dem Rad in die Speichen fallen, Betz Weinheim, 1993
Zink, Jörg, Wie wir beten können, Stuttgart, 1070

Dank

Ich möchte mich bei den Menschen bedanken, die mit mir und für mich gebetet haben und es noch immer tun. Ich denke an diejenigen für die ich beten durfte und es noch immer tue.

Dankbar bin ich für das wertschätzende Nachwort von Oberkirchenrätin Marianne Wagner. Die jahrelange vertrauensvolle Zusammenarbeit mit ihr, war immer auch im gemeinsamen Beten aufgehoben.

Ganz besonders dankbar bin ich Friedhelm Kunz für das gewissenhafte und exakte Korrekturlesen mitten im Urlaub.

Die Zusammenarbeit mit dem Speyerer Verlagshaus war wieder so konstruktiv und reibungslos. Dafür bedanke ich mich besonders bei Hartmut Metzger und Martin Hohmann.

Jede Zeile habe ich mit meiner Frau Susanne besprochen und nachklingen lassen. Ihre Aufmerksamkeit und liebevolle Begleitung hat das Buch erst möglich gemacht.

Landau in der Pfalz, im September 2021

Vita

Dr. Ludwig Burgdörfer
geboren 1956 in Breunigweiler am Donnersberg
1975 Abitur in Kaiserslautern
1975-1981 Studium der Theologie in Bethel und Heidelberg
1981 Erstes theologisches Examen in Speyer
1981-1982 Vikariat in Neustadt
1983 Zweites theologisches Examen in Speyer
1983-1992 Pfarrer in Gundersweiler (Dekanat Winnweiler)
Promotion in Heidelberg bei Prof. Walther Eisinger über Symbolsprache
1992-1996 Pfarrer an der Stiftskirche in Landau
1996-2002 Dekan des Kirchenbezirks Landau
2002-2019 Leiter des MÖD (Missionarisch-Ökumenischer Dienst in der Evangelischen Kirche der Pfalz)
Seit 1. Oktober 2019 im Ruhestand
Seit über 25 Jahren Rundfunkautor beim SWR/Mainz
Verheiratet mit Susanne Burgdörfer
Zwei erwachsene Kinder, fünf Enkelkinder